民族之魂

坚贞不移

陈志宏 ◎ 编著

延边大学出版社

图书在版编目（CIP）数据

坚贞不移 / 陈志宏编著 . –– 延吉：延边大学出版
社，2018.4（2023.3 重印）
（民族之魂 / 姜永凯主编）
ISBN 978–7–5688–4527–4

Ⅰ . ①坚… Ⅱ . ①陈… Ⅲ . ①品德教育—中国—青少
年读物 Ⅳ . ① D432.62

中国版本图书馆 CIP 数据核字（2018）第 069670 号

坚贞不移

_____

编　　　著：陈志宏
丛 书 主 编：姜永凯
责 任 编 辑：孙淑芹
封 面 设 计：映像视觉
出 版 发 行：延边大学出版社
社　　　址：吉林省延吉市公园路 977 号　　　邮编：133002
网　　　址：http://www.ydcbs.com　　　E–mail：ydcbs@ydcbs.com
电　　　话：0433–2732435　　　传真：0433–2732434
发行部电话：0433–2732442　　　传真：0433–2733056
印　　　刷：三河市同力彩印有限公司
开　　　本：640×920 毫米　　　1/16
印　　　张：8　　　字数：90 千字
版　　　次：2018 年 4 月第 1 版
印　　　次：2023 年 3 月第 2 次印刷
ISBN 978–7–5688–4527–4

_____

定价：38.00 元

人有灵魂，国有国魂；一个民族，也有民族魂。

鲁迅先生曾经说过："唯有民魂是值得宝贵的，唯有他发扬起来，中国才有真进步。"

鲁迅先生以笔代戈，战斗一生，曾被誉为"民族魂"。

民族魂，顾名思义，就是一个民族的灵魂！民族魂，是一个民族的精髓，体现了一种民族的精神，是一个民族生存和存在的精神支柱。

什么是中华民族的民族魂？那就是中华民族精神！它是中华民族凝聚力的理念核心，是中华文明传承的基因。它包含热烈而坚定的爱国情感，对生活的美好愿望和追求，为目标努力奋斗的拼搏毅力，为正义事业不惜牺牲自己的精神，以及正确的人生观和价值观。

前 言

翻开浩瀚的中国历史长卷，我们可以看到数不胜数的，体现民族精神和民族魂的英雄人物和可歌可泣的感人故事。

民族魂，不仅体现在爱国主义精神和行动中，而且体现在各个领域自强不息的民族奋斗中。而中华民族精神的力量，更是深深植根于延绵几千年的传统文化之中，始终是维系中华各族人民共同生活的纽带，是支撑中华民族生存和发展的精神支柱，是不断推动中华民族前进的强大动力。

民族魂体现在"重大义，轻生死"的生死观中；民族魂体现在"国家兴亡，匹夫有责"的使命感中；民族魂体现在"我以我血荐轩辕"的大无畏精神中；民族魂

1

体现在将国家利益置于最高的爱国情怀中！

　　纵观中华五千年文明史，曾经有多少杰出的政治家、军事家、思想家、文学家、科学家、艺术家；曾经有多少忧国忧民、鞠躬尽瘁的仁人志士；曾经有多少抗击外敌、英勇献身的民族英雄。他们或顺应历史潮流，积极改革弊政，励精图治，治国安邦，施利于民；或为人类进步而不断进行着农业、工业、科技、社会等各种创新；或开发和改造河山，不断创造着灿烂的中华文明；或英勇反击外来侵略，捍卫着国家主权和民族尊严；或坚决反对民族分裂，维护国家的统一……他们从不同的侧面，体现了中华民族的民族魂，谱写了几千年中华文明的壮丽诗篇，铸造了中华民族高尚而坚不可摧的"民族之魂"。

　　民族魂，就是爱国魂。从屈原在汨罗江边高唱的《离骚》，到文天祥大义凛然赴死前的"人生自古谁无死，留取丹心照汗青"的诗句；从岳飞的岳家军抗击入侵金兵，到郑成功收复台湾；从血雨腥风的鸦片战争，到硝烟弥漫的十四年抗战，再到抗美援朝的隆隆炮声……哪个为国捐躯的英雄不是可歌可泣的？

　　民族魂，就是奋斗魂。从勾践卧薪尝胆，到司马迁秉笔直书巨著《史记》；从鉴真东渡传播佛法终在第六次成功，到詹天佑自力更生建铁路；从袁隆平百次实验成为"水稻之父"，到屠呦呦的青蒿素获得诺贝尔奖……哪个不是历经艰难，最终取得成功？

　　民族魂，就是改革献身魂。从管仲改革到商鞅变法；从王安石变法到百日维新……哪次变法图强不是要冲破

民族之魂

旧势力的阻挠，或流血牺牲？

民族魂，就是创新魂。 古有毕昇发明活字印刷，今有王选计算机照排；古有指南针、造纸术、火药、浑天仪、地动仪的发明，今有神舟号的相继飞天……哪个不是中华民族的智慧结晶？

自古以来，多少仁人志士为了维护人格的尊严和民族气节，以生命为代价！留下了"玉可碎不可污其白，竹可断不可毁其节"的称颂；有多少英雄豪杰，为理想和事业奋斗，面对死亡的威胁，大义凛然；有多少爱国壮士面对侵犯祖国的列强，挺身而出而献出生命。

伟大的中华民族孕育了五千年的辉煌，五千年的历史留下了璀璨的中华文明。

前 言

中国人的血脉流淌着顽强不屈的精神！我们的先辈用血汗和生命铸就了不朽的中华民族魂！换得如今中华大地的一片祥和安宁，换得我们现在的幸福生活。如今，我们要实现习近平主席提出的中国梦，依然需要我们秉承祖辈留下的这种"民族魂"。

青少年是国家的希望，亦是民族的未来。因此，爱国主义教育和励志图强教育要从青少年开始。为了增强对青少年的民族精魂和志向教育，我们精心编写了本套丛书——《民族之魂》丛书。

本套丛书将我国有史以来体现民族精神和民族魂的典型事迹，以通俗易懂的语言故事形式展现出来，适合青少年的阅读水平和欣赏角度。书中提供的人物和事件等故事，涉及社会的各个方面，有利于青少年学习和理解，使读者能全方位地领悟中华民族精神。

　　为了帮助读者更好地理解和吸收故事的精神，编者在每篇故事后还给出了"心灵感悟"，旨在使故事更能贴近现实社会，让读者结合自身的需要学习领会，引发读者更深入的思考。

　　希望读者们可以从本套图书中获得教益，通过阅读，真正体会到中华民族之魂所在，同时能汲取其精华，不断提升自己各方面的素质和品格，为祖国新时代的建设和发展做出努力。

　　全套丛书分类编排，内容详尽，风格独具，是广大读者尤其是青少年爱国励志教育的优秀阅读材料。相信本套丛书一定可以成为青少年朋友的良师益友。

民族之魂

贞，是中华民族的传统美德之一，古有"外内用情曰贞"之语。自古以来，对言行一致、坚定不移，忠于国、忠于事、忠于君、忠于情的人都称之为贞。

中国历史上，君主至高无上，君主即国家，"普天之下，莫非王土。率土之滨，莫非王臣"。君王和国家是融为一体的。因此，在奴隶社会和封建社会忠于君主和忠于国家往往混淆，所以，许多对国家、对民族的贞节事例都与忠君的内容联系在一起。随着历史的发展，时代的变迁，贞的内容有了许多变化。我们现在所说的贞，是以正为前提的。对国家、对民族保持贞节，要以忠为原则；对人对事坚定不移，要以正义为基础；对感情始终不渝，要以礼为标准。

在涉及祖国的统一、民族的团结等国家核心利益的原则问题上，无论个人身处何等逆境，面对何等诱惑，都要保持坚贞不移的气节，要做到贞定不移，完善个人的品格，保持对国家和民族的忠诚，以维护国家民族的利益为首任。在现代历史上，中国共产党领导了伟大的革命斗争和宏伟的建设事业。因此，对共产主义信仰坚贞不移，是共产党人和革命者的最高思想境界和道德情操。无论人生的道路上出现多少艰难险阻，都能做到心中有目标、眼前有方向，从而不屈不挠，勇往直前。在个人感情上坚贞不移，不但能在繁纷复杂的人际关系中不随波逐流，也能赢得社会普遍的认同和尊敬。

在本书中，我们选编了历史上体现坚贞不移精神的经典人物故事，今天读起来依然令人感慨万分、肃然起敬。希望读者通过阅读这些故事，从中受到启迪、教育和激励，在今后的学习、生活和工作中，明确人生的正确方向，选好人生的奋斗目标，坚定不移地走下去，继承发扬坚贞不移的美德精神，做一个高尚的人，一个大写的人，一个优秀的中国人。

目录
CONTENTS

I

第一篇
为正义威武不屈

屈原愤投汨罗江

> 屈原（公元前340—前278），名平，字原，芈姓屈氏，又自云名正则，字灵均，战国末期楚国丹阳（今湖北秭归）人。屈原虽然忠事楚怀王，却屡遭排挤和打击，楚怀王死后又因楚顷襄王听信谗言而被流放，最终投汨罗江而死。
>
> 屈原是中国历史上最伟大的浪漫主义诗人之一，也是我国已知最早的著名诗人，世界文化名人。他创立了"楚辞"这种文体，也开创了"香草美人"的传统。代表作品有《离骚》《九歌》《九章》等。

　　我国战国时期伟大的政治家和诗人屈原出身于楚国的贵族。他在年少时期博闻强记，对当时的政治局势有着深刻的认识，而且他又善于辞令，一度深受楚怀王的信任，曾担任"左徒"官职。对内，屈原主张选贤任能，厉行法治，富国强兵；对外，屈原主张联齐抗秦，独立自主，并两次出使齐国，促成齐楚联盟。

　　屈原的政治理想是使自己的国家独立富强，人民安居乐业，并进一步以楚国来统一长期分裂的中国。于是他全力以赴地在各处奔走游说，竭力辅佐楚王修明政治，以赶上前代贤明君主的足迹。但是，由于屈原的政治主张和变革措施触犯了楚国贵族的利益，因而遭到以上官大夫为代表的保守势力的反对与打击。他们在楚怀王面前说屈原的坏话，而楚怀王又是个不明事理、不辨忠奸的昏庸之君，再加上秦国的挑拨离间，楚怀王很快就疏远了屈原，并罢免了屈原"左徒"的官职，进而又遭到了放逐。

小人的卑劣行径和楚王的昏庸无度使屈原极度愤慨，但楚国的前景和人民的命运更使他忧心忡忡。屈原被逐之后，楚怀王完全被那些无耻的小人所包围，又受到秦国派来的说客张仪的"欺骗"，断绝了与齐国的外交关系，接着又几次被秦国打败，损兵失地，国势日衰。后来楚怀王再次受到秦国的欺骗，进入秦国并与秦王相会，被秦国扣留，最终客死秦国，使楚国蒙受奇耻大辱。楚顷襄王继位后，比楚怀王更加昏庸无能。他对内仍然亲近小人，使屈原又一次遭到贬黜；对外一味地对秦国妥协投降，致使一个原本颇有前途的楚国处于濒临危亡的境地。

这时的屈原已被流放到了远离郢都的汉北一带，他日日夜夜为国家的命运、人民的苦难担忧，但是他仍然保持着坚贞不移的气节，仍然热爱着自己的国家，更加担心楚国的前途命运。他无时无刻不急切地盼望返回郢都痛斥误国的小人，挽救危亡的国家。他炽烈的爱国情怀、嫉恶如仇的正义精神，坚贞不移的高尚情操，坚持理想并为之不懈奋斗的执着追求，遭谗陷排挤而不能实现抱负的沉痛，最终凝聚成了《离骚》《九章》等光照千古的不朽诗篇。

到了楚顷襄王二十一年，秦国的大将白起率60万大军挥师南下，攻破楚国郢都，长驱直入，占领了楚国大片国土。楚国无可挽回地走到了灭亡的绝境。

目睹国破家亡、人民流离失所的惨状，屈原的忧愤与痛苦达到了顶点。他哀痛祖国的命运，不忍心看到自己眷恋的祖国完全破灭，强烈的爱国之情与坚贞不屈的气节，使他不愿在新政权下苟活下去。于是他以血和泪写下最后一篇诗歌《怀沙》，并在这年五月初五抱着巨石投汨罗江了。

■故事感悟

面对国破家亡的打击，屈原处于极度的悲愤之中，但他从没有计较个人的荣辱得失，而是告诫楚王从国家大局着想，表现了他坚贞不移的爱国热忱。至于怀志投江，实在是文人的一种无奈而又不屈的抗争，更是对昏君和奸臣的一种非暴力反抗！

■史海撷英

联齐抗秦

联齐抗秦是屈原的政治主张之一。战国本是齐、楚、燕、韩、赵、魏、秦七雄争霸的混乱时期，秦国任用商鞅变法后日益强大，常对六国发动进攻。当时只有楚国和齐国能与之抗衡。鉴于当时形势，屈原主张改良内政，对外主张联齐抗秦，因而侵害了上层统治阶级的利益，遭到了受秦国贿赂的楚怀王的宠姬郑袖、上官大夫、令尹子椒等人的排挤和陷害。

■文苑拾萃

端午节划龙舟吃粽子的由来

约公元前278年，楚国的都城被秦兵攻破，屈原精神上受到了极大的打击，眼看国破之难，却又无法施展自己的力量，他忧心如焚，在极端失望和痛苦中，抱石自沉汨罗江。他赴死时大约62岁，正是农历五月初五。

屈原沉江后，当地的百姓无比沉痛，人们驾起快舟沿江寻找屈原，想拯救屈原的生命。确知屈原已死，还划着舟船不辞辛苦地打捞屈原的尸体，又抛下粽子祭悼屈原。直到今天，每年五月初五端午节，我国人民还有赛龙舟、吃粽子的风俗，世世代代人们都在怀念着屈原。这位伟大的爱国主义者在人民的心中得到了永生。

颜杲卿怒斥叛贼

颜真卿（709—785），字清臣，京兆万年人，祖籍唐琅琊临沂（今山东临沂）。开元间中进士。安史之乱，抗贼有功，入京历任吏部尚书、太子太师，封鲁郡开国公，故又世称颜鲁公。德宗时，李希烈叛乱，他以社稷为重，亲赴敌营，晓以大义，终为李希烈缢杀，终年77岁。在书法史上，他是继"二王"之后成就最高、影响最大的书法家。楷书有《多宝塔碑》《麻姑仙坛记》等，极具个性的书体行草书有《祭侄文稿》《争座位帖》《裴将军帖》《自书告身》等，其中《祭侄文稿》是在极其悲愤的心情下进入的最高艺术境界，被称为"天下第二行书"。

唐玄宗李隆基即位的前20多年，励精图治，把国家治理得井井有条。农业生产得到了很大的恢复和发展，手工业和商业也随之发展起来，文化教育也得到了贯彻实施，人民生活走向富裕，举国上下呈现繁荣的景象。

在这些耀眼的成绩之下，唐玄宗开始有些自我陶醉了。他不知道这成绩的得来包含着千千万万农民、手工业工人和商人以及文教者的辛勤劳动，只认为这是他一个人的功劳，是老天爷赏赐给他的福气。于是，他改元"天宝"，以示"满朝"庆贺，从此渐渐地不像刚即位时那样勤奋了。

在宫中，他十分宠幸一个叫杨玉环的女子，并封她为贵妃。杨玉环整天陪伴着他宴饮歌舞，连每天的早朝也废弛了。在朝廷上，他信任一个心术不正的混血胡人安禄山，封他兼任平卢、范阳、河东三镇节度使，统领18万兵马和管辖包括现在的北京、河北、山西及辽宁、山东、河南部分地区的一大片土地。整个唐朝从宫廷内外到地方都日渐腐败，开始从繁荣富强的顶峰上一步步地滑落下来。

安禄山本就是个心怀野心的人，他对三镇节度使一点也不满足。当他看到唐玄宗日渐显得荒淫昏庸的时候，就决心发动叛乱，夺取唐朝的天下。

天宝十四年（755年）十一月初一，安禄山以讨伐宰相杨国忠为名，发兵20万，在范阳起兵反叛，并立即向南进军，准备经由黄河中下游地区打到首都长安，推翻唐朝，由他自己来当皇帝。唐朝政治上的腐败，导致了军队战斗力的削弱。安禄山叛军所到之处，黄河以北许多州郡的驻军一触即溃，文官武将纷纷屈膝投降，大片土地陷入叛军之手。安禄山很快攻破洛阳，并在那里自称"大燕皇帝"，准备立即向长安进军。

唐玄宗的腐败虽令人痛心，但是安禄山叛军这种杀人放火、奸淫掳掠、破坏生产、分裂国家的行径，更加不得人心。广大人民群众和朝廷的正直官员对叛军深恶痛绝，他们出于维护国家统一的爱国热情，对叛军进行了顽强的抵抗。其中最早兴兵讨贼的是常山郡太守颜杲卿。

颜杲卿（692—756年），字昕，唐朝长安万年（今陕西西安）人，祖籍琅琊临沂（今山东临沂）。他和颜真卿同为颜师古五代孙。

安禄山发动叛乱前为了笼络人才为己所用，向朝廷推荐颜杲卿出任常山郡太守。常山郡在今河北省正定县一带，是安禄山管辖下的一个重要地方。当安禄山率领叛军南下经过常山郡时，颜杲卿还没有做好反抗叛军的准备。为了保存实力，他和手下的长史袁履谦商量好，假意出城迎接，表示在安禄山南下西进之后，一定要把常山郡管理好，免除他的后顾之忧。安禄山听了很是高兴。特地赐给颜杲卿紫袍、袁履谦绯袍以示鼓励，答应在事成之后一定给他们升官。为了防备唐朝从山西方面进攻自己的老巢，安禄山派养子李钦凑领兵7000名，屯驻于常山郡西边的土门（今河北省井陉县）。

送走安禄山后，颜杲卿指指自己身上的紫袍和袁履谦身上的绯袍说："我们为什么要穿他赐给的绯袍？"袁履谦听了点头表示会意。他们回到郡城以后，就把属下的正定县县令贾深、内丘县县令张通幽召来，共同商量起兵讨伐叛贼安禄山的计划。为了迷惑安禄山，颜杲卿假装生病不理政事，暗地里叫他的儿子颜泉明往来各地进行联络。其时颜杲卿的堂弟著名书法家颜真卿正任平原太守，他也很痛恨叛贼安禄山，正在谋划起兵讨伐叛乱。他派自己的外甥卢逖到常山来联络，约定与颜杲卿共同起兵，切断叛贼的后路。

这时候，安禄山的叛军正一路势如破竹地向前推进。颜杲卿为了打击叛军的气焰，也为了便于自己通过山西与首都长安联络，决定先把屯驻在土门的李钦凑杀掉。他假称得到安禄山的命令，叫李钦凑到常山议事。等李钦凑连夜赶到常山时，颜杲卿推说由于局势紧张，夜间不便开启城门，把他安顿在城外的驿馆休息，并派袁履谦带着参军冯虔和爱国乡绅翟万德等以慰劳之名，去陪李钦凑喝酒，把他灌醉以后，一刀结果了他的性命，同时还杀了他的部将潘惟慎等人，把他们的尸体投进了滹沱河，把李钦凑的首级割下来，准备去向唐玄宗报捷。颜杲卿见初战告捷，和袁履谦等欢呼跳跃，高兴得连眼泪都流出来了。

再说在前线督兵西进的叛军头子安禄山，怕自己的兵力不够用，下令叫部将高邈到范阳郡去征调援军。颜杲卿知道这个消息后，赶快派冯虔、翟万德和藁城尉崔安石等想办法去捉拿高邈。当高邈到达满城时，冯虔、翟万德先在驿站等候，由崔安石出面去迎接，说是要备酒宴请他。高邈不知是计，下马准备休息。高邈刚走进驿站，冯虔一声令下，等候在那里的士兵一拥而上，就把他捆绑了起来。正在这时候，另一名叛将何千年从赵郡到满城来办事，冯虔也下令把他捆绑了起来。颜杲卿见事情又一次获得成功，十分高兴，就派崔万德、贾深、张通幽和自己的儿子颜泉明一起，带着李钦凑的首级和高邈、何千年两名贼将，送往首都报捷。

唐玄宗接到捷报后，十分高兴，就拜颜杲卿为卫尉卿兼御史中丞，提升袁履谦为常山太守，贾深为司马，并且向黄河以北各州郡发出通报，扬言唐军20万已进入土门，即将直捣叛贼安禄山的老巢。这样一来，赵郡、钜鹿、广平、河间等地的官吏和民众纷纷起来响应，杀掉叛军头目，把他们的首级送往常山。乐安、博陵、上谷、文安、信都、魏郡、邺郡等地也纷纷巩固城防，抗拒叛军入境。一时间，颜杲卿、颜真卿兄弟兵威大振。

正在向陕西进军的安禄山，听说自己的后方出了问题，十分恐慌，赶快派自己的亲信将领史思明率领大队叛军，回师攻打常山。颜杲卿虽然二次用计获得了胜利，但是守城的事情还没有部署停当。叛军兵临城下，他才急忙调兵遣将，布置防守。叛军多是些亡命之徒，他们像一群发疯的野牛猛烈攻城。颜杲卿率领将士奋勇抵抗，一次又一次地用弓箭和滚木礌石将敌人打退。战斗进行了六天六夜，城里的箭射完了，滚木礌石也用光了，井水也汲干了，粮食也吃光了，却不见有援军到来。最后，终因寡不敌众，城被攻破，颜杲卿和袁履谦都在突围时被俘。

叛军将领逼迫颜杲卿投降，颜杲卿不予理睬。叛军把明晃晃的钢刀架在颜杲卿小儿子颜季明的脖子上，威胁颜杲卿说要是他投降，他儿子就能活命。颜杲卿虽然爱自己的儿子，但是他更爱自己的国家，也更要保持坚贞不移、威武不屈的气节。他决不能投降叛贼，跟着去做分裂国家的罪人。

在儿子和国家之间，他选择了国家，保持了气节。他闭上眼睛依然沉默不语。狠心的敌人杀了他的儿子并把他关入囚车，送到洛阳，让安禄山亲自处置。

安禄山叫人把颜杲卿带到大堂上，大声责问道："我提拔你做了常山郡太守，你为什么还要背叛我？"颜杲卿怒目圆睁地反问道："你本来是营州地方的一个牧羊奴，皇上把你提拔起来做了三镇节度使，哪一点对不起你，你却为何忘恩负义，反叛朝廷？"他见安禄山无言对答，就又义正词严地接着说："我家世代都是唐臣，我为国尽忠，讨伐你这个叛贼，是理所应当的事，怎么说是背叛了你？"

安禄山挨了一顿痛骂以后，恼羞成怒，下令把颜杲卿押送洛阳市区，把他绑在天津桥的第二根桥柱子上，先叫人用铁钩钩断了他的舌头，然后狞笑着问道："你还能骂人吗？"颜杲卿的嘴里虽然流着殷红的鲜血，可是他仍然愤怒地骂不绝口，只是因为没了舌头，声音有些含糊不清了。袁履谦被安禄山下令砍断了手脚，还在一旁大骂安禄山，直骂得安禄山脸上红一阵白一阵地无地自容。心狠手毒的安禄山，不禁兽性大发，他疯狂地命令刽子手一刀一刀地剐死了颜杲卿，并把颜杲卿子侄家属30多口和袁履谦全都给杀害了。

这时候唐玄宗虽然已经逃往四川，但更多的人却踊跃地投身于反抗叛贼保卫国家的队伍，决心踏着颜杲卿等爱国英雄的足迹，继续去跟安禄山叛军作殊死的战斗。

■故事感悟

颜杲卿虽然在中国的浩瀚历史中其名不显，但他对国家的忠诚却堪称典范。怒斥叛贼直至气绝，这是何等的大无畏精神！父子二人慷慨悲壮，书法家弟弟也同样英勇抗敌，可谓一门忠烈。颜杲卿和他的儿子虽然牺牲了，但是他们热爱祖国、坚贞不屈、反抗叛贼的英雄壮举是应该大书特书的。

■史海撷英

安史之乱

安史之乱是安禄山和史思明发动的旨在推翻唐王朝的军事叛乱。自唐玄宗天宝十四年（755年）开始至唐代宗宝应元年（762年）结束，前后长达八年之久。这次历史事件，是当时社会各种矛盾所促成的，对唐朝后期的影响尤其巨大。安史之乱的原因是多方面的，是各种社会矛盾的集中反映，主要包括统治阶级和人民的矛盾，统治者内部的矛盾，民族矛盾以及中央和地方割据势力的矛盾等。安史之乱给当时的社会和人民生产和生活造成了极大的破坏，使唐王朝由盛世转向衰败。

■文苑拾萃

祭侄季明文稿

颜真卿

维乾元元年，岁戊戌，九月，庚午朔，三日壬申，第十三叔，银青光禄（大）夫，使持节，蒲州诸军事，蒲州刺史，上轻车都尉，丹扬县开国侯真卿，以清酌庶羞祭于亡侄赠赞善大夫季明之灵曰：

惟尔挺生，凤标幼德，宗庙瑚琏，阶庭玉兰，每慰人心。方期戬谷，何图逆贼间衅，称兵犯顺。尔父竭诚，常山作郡，余时受命，亦在平原。仁兄爱我，俾尔传言，尔既归止，爰开土门。土门既开，凶威大蹙，贼臣不救，孤城围逼，父陷子死，巢倾卵覆。天不悔祸，谁为荼毒？念尔遘残，百身何赎？呜呼哀哉！吾承天泽，移牧河关，泉明比者，再陷常山。携尔首衬，及兹同还，抚念摧切，震悼心颜。方俟远日，卜尔幽宅，魂而有知，无嗟久客。呜呼哀哉！尚飨。

谢枋得誓死不为元朝官

谢枋得（1226—1289），字君直，号叠山，信州弋阳（今属江西）人，南宋文学家。宝祐四年（1256年）与文天祥同科中进士。次年复试教官，中兼经科。又应吴潜征辟，组织民兵抗元。宋朝灭亡后，他寓居闽中。元朝屡次召他出仕，他坚辞不应，在大都悯忠寺（今北京法源寺）绝食而死。

宋度宗咸淳七年（1271年），蒙古正式改国号为元，并于第二年攻下樊城、襄阳，开始向长江中下游发动极为凌厉的攻势。由于南宋政治腐败，文官贪财，武将怕死，因而元军所到之处势如破竹，许多守城将领要么举旗投降，要么望风而逃，大片国土沦陷于元军之手。文天祥等忠义之士为了挽救国家的危亡，纷纷起兵卫国，抵抗元军的进攻。民间自发组织的抗元义军，也如雨后春笋般地涌现出来。

当时国家正是用人之际，谢枋得得到新即位的宋恭宗赵㬎的起用，授予他秘书省著作郎兼权司封郎的官职，命他暂时在信州招募乡勇，抵抗元军，保卫乡里。不久，又先后提升他为江东提刑和信州知州，叫他扩大招募军队，捍卫饶、信、抚三州。

谢枋得早年有一个故交叫吕师夔，当时已经投降了元军，他率领一支元军前来进攻信州。谢枋得听说后气愤极了，便招募了以张孝忠等人为首的一批义士，在信州北面的团湖坪狙击吕师夔。张孝忠先打了几次胜仗，但终因缺乏作战经验，遭到敌人暗算，最后被元军暗箭射死，队伍也被元军打散。接着，信州被元军攻陷，谢枋得突围只身逃脱，隐姓埋名，逃到了福建建宁的唐石山中。

这时候，临安（今杭州）已经陷落，谢太后和宋恭宗被掳北去，赵昰在福州称帝，史称宋端宗。谢枋得因为住在山里，消息闭塞，只听到临安陷落的消息，没有听说赵昰称帝这回事，以为南宋已经灭亡了。于是他穿着麻衣，每天朝着东方太阳升起的方向跪拜哭泣，来寄托国破家亡的哀痛。为了生活，他只好到建阳市上去算卦和代写书信，挣几个钱。后来他又陆续听到文天祥、陆秀夫、张世杰等人抗元斗争都已经失败的消息，心情更加悲痛，日日夜夜地痛哭。

有人得知他就是当年在试题上痛斥贾似道奸邪的主考官谢枋得，便请他去教育自己的子弟，并经常把江西、福建、广东等地人民群众抗元斗争的消息说给他听。谢枋得知道人民群众还在坚持斗争，深受鼓舞。从此，他在福建定居下来，以教书为业，向年轻一代进行爱国教育，并时刻关心着抗元斗争的情况。他认为恢复宋朝还是有希望的，准备在必要的时候自己也去投入战斗的行列。

可是事实上大势已去，宋朝已经灭亡了。元朝统治者在消灭了南宋主要的抵抗力量以后，开始改变策略，用笼络、收买的手段，征召南宋的旧臣替元朝服务。当时在元朝政府里担任集贤学士的程钜夫，向元朝政府举荐了22个人，谢枋得被列为第一名。谢枋得知道以后，断然地拒绝了。

过了两年，元朝政府又派人到江南搜罗人才，又有人推荐谢枋得。

谢枋得写信给原先自己的座师，当时已投降元朝做了尚书丞相的留梦炎说：“我今年六十多岁了，已经是临死的人，决不会再做元朝的官。”后来，元朝派到福建担任参政的魏天祐，想迫使谢枋得出来做官，向元朝皇帝请功。于是他下令绑架了谢枋得，派人押送到大都（今北京）去。

谢枋得用死来表示抗拒，从出发北上那天，就开始绝食，绝食20多天，竟然还没有死。他决定改变主意，每天吃少量的蔬菜和水果来维持生命，以便能够活着到大都，与被元军掳去的谢太后和宋恭宗见面，然后再死。

由于旅途上的疲劳，再加上每天只吃少量的蔬菜和水果难以补偿体力的消耗，谢枋得到了大都以后，身体十分衰弱，终于病倒了。尚书留梦炎下令把他安置在悯忠寺里休养，派去医生给他治疗，希望他在恢复健康以后能够答应在元朝做官。

悯忠寺是一所纪念历代忠臣义士的寺院，墙上镶嵌着许多石碑。谢枋得住的那间屋子里，墙上镶有一块纪念孝女曹娥的碑。曹娥是东汉时候的一个孝女，她为了搭救划龙船的时候失足落水的父亲，自己也淹死在江里。谢枋得看了这块碑以后，痛哭流涕地说：“一个年轻的女子尚能为父尽孝，我怎能不为国殉难呢？”从此，他又开始绝食。留梦炎派医生带着药品和食物来给他治病，劝他吃东西，他愤怒地说：“我想要死，你们为什么非要我活着！”他把药品和食物全都扔在地上，坚决不食不饮。5天以后，谢枋得终于走完他的生命历程，以死殉国了，那年他64岁。

□故事感悟

绝食以拒降元，如此壮怀激烈，忠肝义胆，谢枋得这种凛然的民族气节，完全实践了他的忠君爱国、坚贞不屈的做人准则。人人当有如此之心，国家才能有真正意义上的强大！

忽必烈建立元朝

忽必烈是成吉思汗四子拖雷之子。原来拖雷有11子，长子即蒙哥，四子忽必烈，六子旭烈兀，七子阿里不哥。蒙哥即汗位后，遣忽必烈开拓南部汉地，令旭烈兀远征西域，以阿里不哥留守和林看管蒙古本土，自己则亲率大军伐宋。不料蒙哥汗于1259年在合州城下阵亡，忽必烈为争夺汗位匆匆北返。

按规矩，大汗之确定须由"忽里台"（诸王公代表大会）推举，由于阿里不哥在和林颇受诸王公之拥护，当忽必烈返至开平（今内蒙古多伦西北之石别苏木）时，忽必烈乃自行即位为大汗，建年号为中统，并诏告中外。同时，阿里不哥则在和林召集"忽里台"，亦称大汗。于是兄弟拔刀相向，开始了长达四年的内战。中统五年（1264年），阿里不哥败降，忽必烈汗改是年为至元元年，改燕京为中都，以开平为上都，"忽里台"制从此被废。

至元四年（1267年），忽必烈汗定都中都。至元八年（1271年），正式建国号为"元"，传系取《易经》"乾元"之义。次年，以中都为大都，蒙语称为"汗八里"（意即汗城）。这样，忽必烈终于在中国北方创立了一个新王朝——元朝。1276年蒙军攻陷临安，1279年攻下山，灭亡南宋，全中国遂统一在元朝之下。之后，元朝定都北京，改北京为大都。

叠山书院

在我国古代书院1000多年的历史中，江西书院的影响深度与广度远远大于其他省份。叠山书院在江西书院中独树一帜，因谢枋得而生，也因谢枋得的民族气节影响而日渐扩大。叠山书院最早是其弟子虞舜臣为纪念恩师择地而建的谢文节公祠，建于元皇庆二年（1313 年）。公元 1317 年，经浙江行省奏请朝廷改为叠山书院。院址原为文庙，日久倾圮，明天启年间重修。书院俯瞰信江，依山而建，由低到高，层层叠叠，错落有致。大门高悬"叠山书院"匾额，是林则徐来此瞻仰时留下的手迹。主体建筑有明伦堂、文昌阁、桂花园、望江楼。文昌阁内有桂花园和"八仙过海"等浮雕。望江楼四周为精美壁画，书院四处都依山势变化，由回廊连接，曲折迂回，缀以花木，如入精美花园。登楼远望，信江、龟峰尽收眼底。

　　叠山书院在社会上产生过广泛的影响。书院自创建至今，以叠山的文章和气节，典雅安谧的治学环境，吸引着历代政要、名流，或拜谒观瞻，或留恋长居、治学论道，留下了许多史迹和佳话。

陆秀夫负幼帝投海殉国

陆秀夫（1235—1279），字君实，楚州盐城长建里（今江苏省建湖县建阳镇）人。宋末政治家，和文天祥、张世杰并称为"宋末三杰"，同为抗击元朝的英雄。宝祐年间与文天祥同年进士，官至礼部侍郎。后端宗任命陆秀夫为签书枢密院事，坚持抗元。端宗死，陆秀夫与张世杰共同拥立宋端宗的亲弟弟，7岁的广王赵昺为皇帝，定年号"祥兴"，杨太后垂帘听政。赵昺即位后，封陆秀夫为左丞相，与张世杰共同辅政。

南宋与元军作战期间，元军将南宋最后的抵抗力量赶到了汕头附近。

时近黄昏，风雨大作，南宋名将张世杰趁着海面混乱，让人驾轻舟到宋帝赵昺的座船，接他脱离险境，以便寻机安全转移。一直在舟中观察着战况的左丞相陆秀夫面对此景，知道事已不可为，深恐奸细乘机向元军卖主邀功，又担心轻舟难以躲避元军星罗棋布的舰船，招致南宋末帝被俘或遇难，因而断然拒绝来者请求。

但他也知道宋帝赵昺的座船笨重，又与其他舰船环结，行驶艰难。

陆秀夫估计已经无法护卫赵昺走脱，于是便当机立断，决心以身殉国。他盛装朝服，先是手执利剑，催促自己结发的妻子投海，继而又劝说赵昺："国事至今一败涂地，陛下当为国死，万勿重蹈德祐皇帝的覆辙。德祐皇帝远在大都受辱不堪，陛下不可再受他人凌辱。"说罢，他背起八岁的赵昺，又用素白的绸带与自己的身躯紧紧束在一起，然后一步一步地走向船舷，与他的小主子踏上了从临安到崖山的最后里程——水天一色的茫茫大海。

　　杨太后听说儿子宋帝赵昺死去，悲痛欲绝，随即也跳海而死。之后随同跳海殉国的朝廷诸臣和后宫女眷少说也有十多万人。

　　张世杰久候不见接迎赵昺的轻舟归来，便知凶多吉少，于是果断突围，在夜幕下夺路而去。数日后，许多死里逃生的将士又驾驶舰船集聚在张世杰的座船周围，停泊在南恩（今广东阳江）的海陵山脚下，有人给张世杰带来了陆秀夫背负赵昺共同殉难的噩耗，张世杰悲痛不已。正在这时，飓风再次袭来，舰船将士劝他上岸暂避，张世杰绝望地回答："无济于事了，还是与诸君同甘共苦吧。"随后，他迈着沉重的脚步，艰难地登上座船舵楼，痛苦地俯视着在风浪中飘摇的宋军残船，焚香祷告上天说："我为赵氏江山存亡可谓鞠躬尽瘁了，一君身亡，复立一君，如今又亡，大宋从此再无君可立了。我在崖山没有殉身，是指望元军退后再立新君，光复宋朝江山。然而，国事发展得如此令人失望，难道这是天意。"张世杰说到此处，纵身跃入海中，滚滚波涛又接纳了一代英杰。

　　崖山之战终于以宋军的彻底失败而告终，它标志着流亡政府的最后崩溃，也宣告了历时320年的宋朝最后灭亡。

　　在元朝的高压政治下，人们敢怒不敢言，心里却时刻思念着陆秀夫和张世杰等人，每当看到或想到崖山，都会情不自禁地默诵"大宋左丞相陆秀夫殉难于此"。元朝灭亡以后，人们为了表达前辈和自己的心愿，怒不可遏地将当年颂扬张弘范的刻字铲掉，镌"宋丞相陆秀夫死于此"九个大字，用以永远纪念这位临难不惧、壮烈忠义的名臣。

所谓"英雄"，是在特殊时期经历特殊事情的人。为保持忠义气节，陆秀夫在最后时刻背负幼帝投海殉国，以其一死来表达自己对国家、对君王的忠贞不贰。其壮烈可谓惊天地、泣鬼神，流芳千古。

崖山海战之二王南逃

赵昰做皇帝以后，元朝加紧灭宋步伐。景炎二年（1277年），福州沦陷，赵昰的南宋流亡小朝廷浮海直奔泉州。在此期间，赵昰的龙舟被元军围困，只是因为当天大雾弥漫而侥幸逃出。到了泉州，张世杰要求借船，却遭到泉州市舶使、阿拉伯裔商人蒲寿庚拒绝。于是张蒲不和，导致蒲寿庚投降元朝。张世杰抢夺船只出海，南宋流亡小朝廷只好去广东。赵昰准备逃到雷州，不料在海上遇到台风，龙舟倾覆，赵昰差点淹死并因此得病。左丞相陈宜中建议带赵昰到占城（今越南南部），并自己前往占城，但后来赵昰与其弟弟赵昺数次召其回来都不返；1281年元军征服占城，他又逃到暹罗（今泰国），最后死在那里。景炎三年（1278年），由于多年的娇生惯养和自身体质虚弱，赵昰终于病死于广东的硇洲岛上，享年10岁，葬于永福陵，庙号端宗。他死后，由7岁的弟弟卫王赵昺在碙州（今香港大屿山）登基，年号祥兴。赵昺登基以后，左丞相陆秀夫和太傅（皇帝的老师）张世杰护卫着赵昺逃到崖山，在当地成立据点，继续抗元。

陆秀夫庙

陆秀夫庙位于广东省湛江市麻章区硇洲（岛）镇北港管区黄屋村，有一座颇具规模的神庙，被称为调蒙宫。这是硇洲群众为纪念南宋大臣、抗元英雄陆秀夫所建的庙宇。

宋帝来到硇洲，一晚梦见龙游于海中，以为吉兆，便封硇洲为"翔龙县"。张世杰秉政，陆秀夫等大臣辅助。当时文武百官俱全，尚拥有兵马数万，于是决定在硇洲建"皇城"。后来，元兵紧逼，"皇城"建不成，只得移兵迁往新会崖山。元兵赶到，血战一场。宋军寡不敌众，全军覆灭。陆秀夫背着宋帝颈挂玉玺投海，壮烈殉国。

后人非常敬仰陆秀夫舍身报国的精神，于公元1636年建了一座神庙，以作纪念。1986年4月下旬，硇洲群众再次集资重建了陆秀夫庙，重塑了神像。

方孝孺取义成仁无惧色

方孝孺（1357—1402），浙江宁海人，字希直，一字希古，号逊志，曾以"逊志"名其书斋，蜀献王替他改为"正学"，因此世称"正学先生"。

方孝孺是明代大臣、著名学者、文学家、散文家、思想家，福王时追谥文正。在"靖难之役"期间，拒绝为篡位的燕王朱棣草拟即位诏书，刚直不屈，孤忠赴难，被诛十族。

公元1398年，明太祖朱元璋去世。由于太子早逝，按照遗诏，皇位传给他的孙子朱允炆，是为惠帝，改号建文。年轻的惠帝即位后，在他的老师侍讲学士方孝孺辅佐下，积极推行新政，加强德治，废除前朝的严刑峻法。一时间社会安定，夜不闭户，道不拾遗。

朱元璋曾把自己的儿子封为亲王，亲王握有兵权。朱元璋的四儿子燕王朱棣实力最强。他打着"清君侧"的旗号，兴师北平，与惠帝展开了一场长达四年之久的争夺战，终于在公元1402年攻陷南京。惠帝在一场大火中不知去向。

朱棣在群臣拥戴下坐上了梦寐以求的龙椅，改年号为永乐，他便是明成祖。为了镇压舆论，他一面大肆铲除惠帝的残余势力；一面收买笼络人心，鼓动方孝孺这样的名儒草拟诏书，为他登基制造舆论。

当初朱棣离开北平时，军师姚广孝曾提醒过他：千万不可杀方孝孺。朱棣登基后，派了方孝孺的两个学生去请，结果被方孝孺骂得狗血喷头。在方孝孺看来，朱棣是弑君篡位的国贼，天理难容，他怎么可能替这样的人草拟诏书？他宁愿从容赴死。

就在举国同庆的时刻，方孝孺竟身穿丧服，一路痛哭着来到奉天殿上。即便这样，朱棣仍没怪罪他，还屈尊以降，从御座上下来慰勉方孝孺："先生不要苦了自己，我会以周公辅助成王作为自己效法的榜样。"

方孝孺问："你说的成王如今在哪里呢？"

朱棣答："他自焚了。"

方孝孺问："那为什么不立成王的儿子？"

朱棣答："国家要仰仗年纪大的。"

方孝孺紧接着又问："那为什么不立成王的弟弟呢？"

朱棣只好搪塞过去，说着令左右拿来笔和纸给方孝孺，请他草诏。方孝孺拿过笔来扔在地上。

朱棣顿时气得脸色煞白，杀气腾腾地问："莫非你不怕杀头株连九族？"

方孝孺斩钉截铁地回答："灭十族我也不写！"

朱棣一气之下，果然诛了方孝孺十族，连同他的学生。朱棣让方孝孺亲眼看着自己亲友一个个惨遭屠戮，在血泊中痛苦地扭动着身体，企图使他屈服。但方孝孺大义凛然，双目炯炯地站着，他宁可流血也不讨饶。当他弟弟方孝友被绑缚上来时，方孝孺忍不住流下泪来。孝友当场作绝命诗鼓励哥哥："吾兄何必泪潸潸，取义成仁在此间。华表柱头千载鹤，旅魂依旧到家山。"

吟毕，镇静自若地躺倒在铡刀上。这时方孝孺破口大骂，刽子手残忍地割掉他的舌头。方孝孺满嘴鲜血，一口喷向朱棣，最后被磔杀而死。受其株连，这次先后共873人死于朱棣刀下。方孝孺被杀时年仅46岁。

■故事感悟

月缺不改光，剑折不改刚，月缺魄易满，剑折铸复良。"被诛十族"方孝孺仍旧面无惧色，这种举动是我们常人所不能及的。方孝孺曾作过一首绝命诗："忠臣发愤兮，血泪交流，以此殉君兮，抑又何求！"表现出了一种难能可贵的坚贞不屈的气节。

■史海撷英

靖难之役

靖难之役，是明朝开国皇帝朱元璋去世后不久爆发的一场统治阶级内部争夺皇位的战争。明太祖把儿孙分封到各地做藩王，藩王势力日益膨胀。他去世后，皇长孙建文帝即位。坐镇北平的燕王朱棣因为心怀不满，以"清君侧之恶"的名义联合各个藩王举兵反抗朝廷，随后挥师南下，史称"靖难之役"。1402年，朱棣攻破明朝京城南京，战乱中建文帝下落不明。同年，朱棣即位，就是明成祖。第二年，改元永乐，改北平为北京。1421年，北京城全部主体工程建成，朱棣正式迁都北京，称北京为京师，南京为留都。"靖难之役"从朱棣起兵至建文四年由燕王登皇位而结束，历时四年。

方孝孺墓

　　方孝孺墓是南京市重点文物保护单位。明万历年间，著名戏剧家汤显祖（代表剧作《牡丹亭》）为其修墓立碑建祠，后毁于战火；清朝李鸿章任两江总督时，又重新为其修墓立碑；民国江苏省省长韩国钧又重修。后来均遭焚毁。

　　1999年，雨花台风景区特请东南大学丁宏伟教授设计修复方孝孺墓，2002年在方孝孺遇难600周年之际，方孝孺后人又捐款与雨花台管理局一道重新修整了方孝孺墓。

左光斗宁死不弯斥弟子

左光斗（1575—1625），字遗直，一字共之，号浮丘。明代桐城人，其父左出颖迁家于桐城县城（今桐城市区唉椒堂），颖生九子，光斗排行第五。明朝官员，也是史可法的老师。

左光斗任过大理少卿、左佥都御史，因弹劾宦官魏忠贤被诬下狱。他的弟子史可法多次想去看望他，但叛逆的太监魏忠贤派人防备窥伺很严，就连家里的仆人都不能进去。

过了许久，史可法听说左光斗受了炮烙之刑，眼看就要死去了，他就拿了50两银子，哭着找管牢的狱卒商量，狱卒被他感动了。有一天，狱卒让史可法换上破衣服，穿着草鞋，背上一个筐子，手上拿一把曲柄铁铲，装成一个打扫垃圾的人，这样才把史可法带了进去。史可法看见左光斗坐在地上，身子靠着墙，脸上、额头上都烧得焦烂辨不清了，左膝盖以下筋骨都散脱了。

史可法上前跪倒，抱着左光斗的膝盖呜咽地哭着。左光斗辨出是史可法的声音，可是眼睛睁不开，他就使劲伸出手臂，用手指拨开眼眶，那双眼睛炯炯闪光简直像火炬一样。

他大怒地说："没有用的东西！这是什么地方？你竟敢到这儿来！国事糜烂到如此程度，我老头子已经完了，你又轻身不明大义，天下事谁能够支持？你若还不快走，不用等坏人制造罪名陷害你，我现在就把你打死！"

说着就摸索地上的刑械，做出要投击的姿势。史可法吓得不敢出声，急忙跑出来。

后来史可法常常流着泪对别人述说这件事，说："我老师有着何等的气节啊！老师的肺肝，都是铁石铸造的啊！"

■故事感悟

如果"肝肺"都是铁石了，那么还有什么能畏惧呢？左光斗的这种忠肝义胆、宁折不弯的大无畏精神，可谓是为国为民的大"贞节"。这种大贞节也许一般人学不来，但是并不等于我们就应放弃自己的气节。

■史海撷英

魏忠贤迫害东林党

天启年间，宦官魏忠贤专政，形成明代势力最大的阉党集团。齐楚浙诸党争相依附之，对东林党人实行血腥镇压。

天启四年（1624年），东林党人杨涟因弹劾魏忠贤24桩大罪被捕，与左光斗、黄尊素、周顺昌等人同被杀害。魏忠贤又使人编《三朝要典》，借红丸、梃击、移宫三案为题，毁东林书院，打击东林党。东林著名人士魏大中、顾大章、高攀龙、周起元、缪昌斯等先后被迫害致死。齐楚浙党又造天鉴诸录，加东林以恶名，并列党人榜于全国，每榜少则百人，多至五百余人，凡列名者，生者削籍，死者追夺，朝中善类为之一空。魏忠贤还指使党羽制造《东林点将录》，将著名的东林党人分别加以《水浒传》108将绰号，企图将其一网打尽。天启七年（1627年）明思宗朱由检即位，魏忠贤自缢死。次年毁《三朝要典》，对东林党人的迫害才告停止。但东林与阉党的斗争，一直延续到南明时期。

■文苑拾萃

左光斗墓

左光斗墓位于安徽桐城市城西北10千米处的"左家大墓山"。今属吕亭镇双龙村。背依大墓山，面向桃花寨，群山环抱，古木荫翳，颇有气势。墓地面积为16平方米，冢占地10平方米，环以乱石圹，高0.8米，后圹嵌碑，正中阳文镌刻："皇明太子少保都察院右副都御使谥忠毅公左公之墓。"下款小字阴刻："男国柱、国材、国林、国棣。"崇祯诸生左国斌、冬日谒伯父忠毅公墓，有诗云："班马曾闻山下鸣，监军使者史先生。布袍徒步披荒草，野老清猿听哭声。西蜀坡公悲永叔，南州孺子拜黄琼。如今一夜三年话，师弟居然副盛名。"

史可法抗清悲壮殉国

史可法（1602—1645），字宪之，号道邻，东汉溧阳侯史崇第四十九世裔孙，明末政治家、军事家。曾任明南京兵部尚书东阁大学士，因抗清被俘，不屈而死，是我国著名的民族英雄。南明朝廷谥之忠靖。清高宗追谥忠正。其后人收其著作，编为《史忠正公集》。

崇祯帝在煤山上吊自杀的消息传到明朝陪都南京，南京的大臣们一片慌乱。他们立了一个逃到南方的皇族——福王朱由崧做皇帝，在南京建立了一个政权，历史上把它叫作南明，把朱由崧称为弘光帝。

弘光帝朱由崧是个迷恋酒色、昏庸无道的人。凤阳总督马士英和一批魏忠贤的余党利用弘光帝昏庸无能操纵了南明政权。弘光帝和马士英根本没想抵抗清兵，于是过起荒淫作乐的生活来。

南明政权的兵部尚书史可法本来不赞成让朱由崧做皇帝，为了避免引起内部冲突，才勉强同意。弘光帝即位以后，史可法主动要求到前方去统率军队。

那时候，长江北岸有四支明军，叫作四镇。四镇的将领都是骄横跋扈的人。他们割据地盘，互相争夺，放纵兵士残杀百姓。史可法在南方将士中威信高，他到了扬州，那些将领不得不听从他的号令。史可法亲自去找那些将领，劝他们不要自相残杀；接着，又把他们分配在扬州周围驻守，自己坐镇扬州指挥。大家就称呼他史督师。

没多久，清军在多铎的带领下，大举南下。史可法指挥四镇将领抵抗，打了一些胜仗。可是此时的南明政权内部却起了内讧。驻守武昌的明军将领左良玉为了跟马士英争权，起兵进攻南京。马士英害怕得要命，急忙将江北四镇军队撤回用来对付左良玉，还以弘光帝名义要史可法带兵回南京保护他。

史可法明知道清军压境，不该离开。但是为了平息内讧，不得不带兵回南京。刚过长江，知道左良玉已经兵败，他急忙回江北，此时清兵已经逼近扬州。

史可法发出紧急檄文，要各镇将领集中到扬州守卫。但是过了几天，竟没有一个发兵来救。史可法知道，只有依靠扬州军民，孤军奋战了。

清军到了扬州城下，多铎先派人到城里向史可法劝降，一连派了五个人，都被史可法拒绝。多铎恼羞成怒，下令把扬州城紧紧包围起来。

扬州城危急万分，城里一些胆小的将领害怕了。第二天，就有一个总兵和一个监军带着本部人马出城向清军投降。这样一来，城里的守卫力量就更加薄弱了。

史可法把全城官员召集起来，勉励他们同心协力，抵抗清兵，并且分派了守城的任务。他分析形势，认为西门是最重要的防线，就亲自带兵防守西门。将士们见史可法坚定沉着，都很感动，表示一定要和督师一起誓死抵抗。

多铎命令清兵没日没夜地轮番攻城。扬州军民奋勇作战，把清兵的一次次进攻打回去。清兵死了一批，又来了一批，形势越来越危急了。

多铎下了狠心，开始用大炮攻城。他探听到西门防守最严，又是史可法亲自防守，就下令炮手专向西北角轰击。炮弹一颗颗在西门口落下来，城墙渐渐塌下，终于被轰开了缺口。

史可法正在指挥军民堵缺口，大批清军已经蜂拥着冲进城来。史可法眼看扬州城已经没法再守，拔出佩刀往自己脖子上抹。随从的将领们抢上前去抱住史可法，把他手里的刀夺了下来。史可法还是不愿意走，部将们连拉带劝地把他保护出小东门。这时候，有一批清兵过来，看见史可法穿着明朝官员的装束，就吆喝着问他是谁。

史可法怕伤害别人，就高声说："我就是史督师，你们快杀我吧！"

公元1645年4月，扬州城陷落，史可法被害。

多铎因为攻城的清军遭到很大伤亡，心里恼恨，竟灭绝人性地下令屠杀扬州百姓。大屠杀延续了10天才结束。历史上把这件惨案称作"扬州十日"。

大屠杀之后，史可法的养子史德威进城寻找史可法的遗体。因为尸体太多，天热又都腐烂了，怎么也认不出来，只好把史可法生前穿过的袍子和用过的笏板埋葬在扬州城外的梅花岭上。这就是到现在还保存的史可法"衣冠墓"。

□故事感悟

孤军奋战，仍然以死抗敌。史可法坚贞不屈，悲壮殉难，演出了自己慷慨悲壮的最后一幕。史可法虽然殉国，但他这种大无畏、保气节的精神永远无法磨灭。

嘉定三屠

清兵南下之时，颁布了一道剃发令，强迫百姓在10天之内改依清人的习惯，一律剃掉前半部头发，留下一条辫子，违抗命令的处死，实行"留头不留发，留发不留头"的政策。这一来，更加激起了江南百姓的反抗情绪。江阴军民在典史（县衙里一种小官）阎应元的率领下，顶住20多万清兵的重重包围，坚守了80多天，城里男女老少没有一个投降。清军死伤惨重。嘉定军民坚持抗清斗争三个月，被清军屠城三次，牺牲两万多人。历史上把这次惨案称作"嘉定三屠"。

第二篇
为真理百折不挠

他为了光明而战

郭隆真（1894—1931），原名郭淑善，化名石衫、石珊、林一、林逸。回族，河北省大名县金滩镇人。中国共产党早期的女革命家，北方妇女运动的先驱者和工人运动的卓越领导人。

"五四"运动爆发后，郭隆真积极投身爱国洪流，和邓颖超、刘清扬等一起筹备成立了有600多人参加的"天津女界爱国同志会"，成为天津学生运动出色的领导者之一。1919年9月16日，周恩来等领导的"觉悟社"在天津成立，郭隆真成为其中的重要骨干。

1920年，郭隆真和周恩来、张若名等190多人一起赴法勤工俭学。1923年，经周恩来、尹宽介绍，郭隆真加入了中国社会主义青年团，同年转入中国共产党。1924年秋，与李富春、蔡畅一起到苏联莫斯科东方大学学习。1925年回到北京，在共产党员和国民党左派领导的国民党特别市党部任妇女委员会委员，负责对城内外各大学校进行宣传并联系女学生的工作，主办进步刊物《妇女之友》。

1927年4月28日，李大钊惨遭杀害。身在北京的郭隆真处境危险，但她仍镇定自若地坚持斗争。为了掩护同志们转移，她不幸被捕。一年后，经党组织营救出狱。

1929年春，郭隆真受党组织派遣，到东北从事工人运动，任哈尔滨中东路三十六棚总工厂党支部书记。在白色恐怖十分严重的情况下，她向工人宣传革命道理，启发他们的觉悟，建立工会组织，领导工人开展各种形式的斗争。当时的满洲省委书记刘少奇在总结中东路工人斗争经验时，称郭隆真是"工作上最积极，在政治上又正确的大姐"。

1930年秋，郭隆真奉派到山东工作，任山东省委委员、青岛市委常委、宣传部长等，主要任务是领导工人运动。1930年11月2日，郭隆真在青岛被反动当局作为"共产党重要分子"逮捕。敌人对她施以各种酷刑，威逼利诱，逼她说出党的组织和她的任务，要她写悔过书。但她始终坚贞不屈，严词拒绝。

1931年4月5日，郭隆真被绑赴济南纬八路刑场。敌人在行刑前还不死心地对她说："现在你只要说出共产党的秘密，便可获得自由。"郭隆真坚定地回答："宁可牺牲，绝不屈节！"她高呼革命口号，英勇就义，年仅37岁。

□故事感悟

在白色恐怖下英勇斗争，奔赴刑场时仍旧面不改色，信念坚定。就像某位名人称赞郭隆真的那句话一样——为了光明而战！

□史海撷英

李大钊就义

1926年3月18日，北京各界人民在天安门举行反对日本等国要求大沽口撤防的大会，并到皖系军阀段祺瑞执政府门前请愿，竟遭到段政府的血腥屠杀。李大钊同志在惨案发生后，继续领导共产党和国民党的北方组织坚持斗争。不久，奉系军阀张作霖的军队进入北京，白色恐怖更加严重。1927年4月6日，张作霖在帝国主义支持下逮捕了李大钊同志等八十余人。李大钊同志备受酷刑，在监狱中，在法庭上，都始终大义凛然，英勇不屈。

4月28日，凶残卑怯的敌人不顾广大舆论的反对，将李大钊同志和谭祖尧、邓文辉、谢伯俞、莫同荣、姚彦、张伯华、李银连、杨景山、范鸿劼、谢承常、路友于、英华、张挹兰、阎振三、李昆、吴平地、陶永立、郑培明、方伯务共20位革命者（其中多数是共产党人，也有国民党人）一起绞杀。

李大钊同志的灵柩多年停放在宣武门外的一个庙宇内。1933年4月23日，他的家属和许多社会知名人士发起为李大钊同志举行葬礼，将灵柩安葬于香山万安公墓的请求。大批学生、工人、市民群众冒着白色恐怖参加葬礼，形成一次壮烈的示威运动，一些参加者为此而被捕，甚至被杀害。

■文苑拾萃

觉悟社

觉悟社是"五四"运动中天津青年学生的进步社团，是由天津学生联合会和女界爱国同志会中的骨干周恩来、马骏、郭隆真、刘清扬、邓颖超等20余名青年组织起来的革命团体，成立于1919年9月16日，地点在河北区宙纬路三戒里4号。他们学习和传播马克思主义，团结爱国进步力量开展反对封建主义、反对帝国主义侵略，改造社会挽救祖国的革命斗争活动。现在的馆址就是当年觉悟社经常集会活动的地方。1982年修复，定为市级文物保护单位，1984年建立觉悟社纪念馆。

方志敏宁为玉碎不为瓦全

方志敏（1899—1935），江西省弋阳人，无产阶级革命家。1924年加入中国共产党，参与创建江西的中共党、团组织。任江西省农民协会秘书长、主席，领导农民运动。国共合作时，他任国民党江西省党部执委兼农民部长、江西省农协会委员长。大革命失败后，他领导弋阳、横峰起义，创建了赣东北革命根据地和中国工农红军第十军。1934年11月红军长征前，他奉命率领抗日先遣队北上，途遭国民党军重兵围困。1935年1月24日，在江西德兴县陇首村与国民党军作战时，因叛徒出卖被捕。因于南昌国民党驻赣绥靖公署军法处看守所，严词拒绝了国民党的劝降，实践了自己"努力到死，奋斗到死"的誓言。

1935年初，在20多万国民党军的围剿下，不足一万的红军北上抗日先遣队"出师未捷身先死"。

1月24日，方志敏在率领队伍突围时被叛徒出卖了。被敌人押到江西省玉山县敌四十三旅七十七团后，敌团长设下了丰盛的筵席，妄图收买这个"穷人的主席"。但方志敏拒绝赴宴，敌人于是将他押送到旅部。当时，敌旅长为了达到收买方志敏的目的，使出了自己最为奸猾狡诈的一招。

那天，敌团长又一次摆上了筵席，为了表示自己对方志敏的重视，他还请来了早年混迹在我地下中心，与方志敏曾有旧谊的敌玉山县县长。当敌人转弯抹角劝说方志敏投降时，方志敏大手一挥，怒斥道："我已认定苏维埃可以救中国，革命必能得最后胜利。我愿意牺牲一切，贡献给苏维埃和革命。"看到敌旅长和县长还不死心，他霍地站了起来，怒视着敌人，又一次说道："我方志敏宁为玉碎，不为瓦全……"

在桌上，方志敏慷慨激昂，怒斥敌人。敌旅长和县长劝降招数使尽，只得狼狈收场。此后他们没办法，于是将方志敏脚上戴上了十斤重的脚镣。还把他带去荒郊野外，使尽酷刑。

为了使威武不屈的方志敏屈服，敌旅长让人将他五花大绑，命人将一个大大的铜块放进火炉中烧红，企图对方志敏施以烙刑。当敌人用铁钳钳起那通红的铜块，威吓方志敏时，方志敏大声地说道："国民革命为工农，我方志敏一生为工农，无罪；国难当头，我方志敏北上抗日，无罪……"

敌人看到方志敏还不投降，于是将那块冒着青烟的滚烫铜块烙向了他。方志敏顿时昏了过去。醒来后，方志敏掷给敌人的是一句铿锵有力的话："革命者怎怕铜烙，又怎会怕死！要想让我屈服，做梦！"

此后，敌旅长将方志敏押解到江西的上饶。赣东剿共司令赵观涛和专程从南昌赶来的俞伯庆都想说动方志敏投降。他们寄希望于自己的文武搭配，能在思想上缴下方志敏的"枪"。然而，等待他们的是又一番慷慨激昂的话语。

俞伯庆，这位国民党江西省党部书记彻底失望了，他和赵观涛决定将方志敏押送到南昌。他们在南昌召开"庆祝生擒方志敏大会"，同时将方志敏游街示众。可万万没想到，方志敏在关押的囚笼车里却向民众高声演讲。他说："同志们，同胞们！我很高兴还能和大家见见面，还能和大家讲讲话。我们中国，外受帝国主义的侵略压迫，内受贪官污吏、土豪劣绅的统治剥削，国已不国，民不聊生，只有实现共产主义……"

这时，敌人万分惊恐，他们不让方志敏讲下去，要将他关进装甲车内。愤怒的人们立即大声责问道："方志敏爱国有啥罪？爱国无罪……"

此时的方志敏用最后一丝力气，大声地说道："我有一个信念，就是不惜以自己的生命反对帝国主义侵略中国，为民族独立而奋斗！不管我的生命到哪里，我都会为我的信念而献身！"

敌人没有办法，又把方志敏押回到监房，并对他施以酷刑。以后，请国民党驻赣绥靖公署军法处副处长钱协民这个心狠手辣的刽子手出场。方志敏回答他的仍是那句响亮的话："头颅可以断，信仰不可移。"

不甘心的敌人又先后请出了国民党"绥靖公署"主任顾祝同和蒋介石。他们面对一腔正义决不舍弃信念的方志敏黔驴技穷了。不得已，他们提出了自己最低的要求，只要方志敏肯在报上刊登一则启事，说自己脱离革命，就给他自由，并委以重要官职。方志敏回答他们的却是轻蔑的一笑。

1935年8月6日，方志敏被敌人杀害了。牺牲时他只有36岁。

■故事感悟

"穷人的主席"志不"穷"，方志敏同志的共产主义信仰永远像钢铁一般坚定。方志敏正气凛然、视死如归的英雄品格，大智大勇、英勇无畏的高风亮节，怎能不让我们向他学习、向他鞠躬、向他表示崇高的敬意？

弋横暴动

1927年9月，中共弋阳区委和横峰区委成立，分别由方志敏、黄道任书记。与此同时，在弋阳九区建立了20余个农民革命团，作为发动农民群众举行武装暴动的组织。9月下旬，方志敏从弋阳赴鄱阳，参加中共鄱阳县委和赣东北各县党组织负责人会议。会后，方志敏返回弋阳，召开干部会议，传达党中央"八七会议"的精神，准备秋收暴动。计划先攻下弋阳县城，把弋阳作为今后发展的根据地。并建立了一支工农革命武装，作为发动暴动的武装骨干。

10月底，经过充分准备，方志敏和弋阳区委发动九区农民3000余人举行秋收暴动，一举攻占烈桥镇，赶走劣绅张念诚。弋阳九区暴动，揭开了赣东北弋横暴动的序幕。

继弋阳九区暴动之后，方志敏又领导了横峰年关暴动。

1928年1月2日，方志敏在弋阳九区窑头村主持召开弋阳、横峰、贵溪、上饶、铅山五县党员会议（史称窑头会议）。会议选举方志敏、黄道、邵式平、方志纯、吴先民、邵棠、方远辉组成中共五县工作委员会，方志敏任书记；成立起义总指挥部，方志敏任总指挥。

窑头会议后，为了扩大暴动区域，暴动总指挥部于1928年1月间发出各地同时暴动的通知，并决定各地起义队伍向外围猛烈发展。罪大恶极的土豪劣绅被镇压，贫苦农民平债分谷分财物，出现了一派热火朝天的革命景象。

1928年2月，国民党军联合地主武装，向弋横暴动区域进攻，暴动队伍受到严重损失。方志敏等率领保存下来的革命武装转入磨盘山区，开展游击斗争，建立了以磨盘山为中心的弋横根据地，后来发展为赣东北革命根据地。

方志敏纪念馆

方志敏烈士纪念馆对外又称"弋阳革命烈士纪念馆"，位于江西省弋阳县城北面峨眉嘴山顶，是全国爱国主义教育基地，江西省级重点烈士纪念馆建筑保护单位。1977年9月由江西省人民政府批准建设，1978年9月落成，占地面积1.1万平方米，建筑面积1300平方米。2003年10月闭馆进行改建，2004年元月重新开放。

馆内陈设布局合理，内容丰富，有四个陈列室和一个展厅，分别陈列介绍方志敏烈士参加江西地方党团组织创建、领导江西农民运动、创建闽浙赣根据地和红十军团、狱中斗争的事迹。纪念馆后为烈士陵园，林木葱郁，碧水回环。馆前广场上，大理石雕刻的方志敏塑像肃穆庄严。底座上刻有叶剑英挽方志敏的一首诗："血战东南半壁红，忍将奇迹作奇功。文山去后南朝月，又照秦淮一叶枫。"

徐悲鸿拒给蒋介石画像

徐悲鸿（1895—1953），原名徐寿康。江苏宜兴屺亭镇人。中国现代画家、美术教育家，擅长画马。是中国现代美术的奠基者。

抗日战争期间，徐悲鸿积极主张抗战，反对妥协投降。徐悲鸿对日益严重的民族危机非常忧虑，对国民党蒋介石集团的不抵抗主义特别不满，对蒋介石这个国民党的"最高领袖"也没有好感。1935年，蒋介石50寿辰，国民党中宣部副部长张道藩要徐悲鸿为蒋介石画像，再三相请，都被徐悲鸿一口拒绝。

有一天，徐悲鸿正在作画，他的老同学张道藩推门进来。这个当了国民党大官的同学一进画室，便从公文包里取出一张蒋介石的照片递给徐悲鸿，开门见山地说："悲鸿，蒋委员长快过50大寿了，想请你这支生花的妙笔为他画一张肖像。这可是千载难逢的好机会啊。"

"原来是这么回事。"徐悲鸿两道又黑又粗的眉毛紧紧地拧在了一起。他对蒋介石的独裁统治早就深恶痛绝，一听要他为蒋画像，便冷冷地说："我从学画以来，还没有对着照片画过人像。画这类画，上海城隍庙不少店铺画得又像又快，你往上海跑一趟，肯定会令你满意的。"

不等徐悲鸿说完，张道藩的脸涨得像个紫茄子。他结结巴巴地说："你，你居然，敢不给蒋……蒋委员长画……"

徐悲鸿坚定地说："我就是不画，你把照片拿去吧！"

张道藩再也装不出笑脸了，怒气冲冲地站起来，说："老同学，你不画，后果是难以想象的！这可由不得我。"说完，拂袖而去。

得罪了蒋介石、张道藩这帮人，可不是件小事情，随时都有可能发生意外。徐悲鸿非常清楚这一点。然而，当他看到自己桌上的座右铭"人不可有傲气，但不可无傲骨"时，他感到心里坦然、痛快了许多。

1936年，广西、广东爆发了要求抗日的"两广事变"，陈济棠、李宗仁以抗日为名，向全国发出通电，讨伐蒋介石。不知国民党内幕的徐悲鸿此时正在桂林，对此十分赞同。他曾在报纸上揶揄蒋介石说："何谓蒋先生的礼义廉耻？礼者，来而不往非礼也，日本既来，奉送东三省；义者，不抗日；廉者，捐'廉'（上海方言'廉''钱'同音），买飞机平西南；耻者，阿拉（上海方言'我'）不抗日，你抗日，你就是可耻。"

徐悲鸿冒着危险这样做，反映了他在抗日问题上的鲜明态度：谁抗日，他就支持谁，谁不抗日他就反对谁。

1941年，蒋介石发动了震惊中外的"皖南事变"。国立中央大学的进步师生对蒋介石的倒行逆施深恶痛绝，纷纷口诛笔伐。在中大艺术系任教的徐悲鸿怀着无比愤怒的心情，满怀悲愤地画了一幅《怒猫图》，图中一只小老虎似的雄猫立于巨石上，竖起两耳，怒睁着一双像电灯泡一样闪闪发光的圆眼睛，猫须挺直如利锥，咬牙切齿，微张巨口，面向纸外做捕鼠状。图上没有题词，只写上了寓意深刻的"壬午大寒"四个小字，并盖上了悲鸿名章。

徐悲鸿的朋友田汉不久来访，看到《怒猫图》后，赞不绝口，当即吟诗一首，对徐悲鸿爱憎分明的正义感给予褒扬，并用遒劲的书法写在画幅的右上角。诗云：已是随身破布袍，那堪唧唧啃连宵，共嗟鼠辈骄横甚，难怪悲鸿写怒猫。

1942年10月，由周恩来亲自带来的延安木刻——包括沃渣、马达、胡一川、力群、夏风、彦涵、古元、罗工柳等人的30多幅作品，在重庆展出。这些作品语言纯朴，边区生活气息浓郁，特别引人注目。

徐悲鸿参观了展览，并十分仔细地看完了全部作品。他露出了惊叹的神色，认为这次展览是数年来中国艺苑不可多得的宝贵收获，尤其对古元的作品极尽赞扬。

徐悲鸿还在10月18日重庆《新民报》上撰文予以高度评价："我在中华民国三十一年十月十五日下午3时，发现中国艺术界中一卓绝之天才，乃中国共产党之大艺术家古元。""我自以为不是一思想有了狭隘问题之国家主义者，我唯对于还没有20年历史的中国新版画界已诞生一巨星，不禁深自庆贺。古元乃是他日国际比赛中之一位选手，而他必将为中国取得光荣的……""古元之《割草》，可称为中国近代美术史上最成功的作品之一。吾愿陪都人士共往欣赏之。"

毛泽东得知此消息后，非常高兴，并亲自批示，延安《解放日报》转载了徐悲鸿的文章。

谁知这篇文章却得到了国民党当局的格外"关注"。

有一天，徐悲鸿的留法同学华林告诉他说：

"你那篇赞扬共产党木刻家的文章招了祸啦。"

"招了什么祸？"

"我听说张道藩在叫人写文章攻击你。"

"那就让他攻击吧，我行我素！"

"你是艺术家，不是政治家，你没有必要卷到政治旋涡中去。"

"我觉得任何时候，我都应说我该说的话。好的作品我就应当宣扬，我在美术界有这个责任。为什么共产党的画家好，我就不能宣扬？我早在和徐志摩辩论时，就曾说道：'我以为真理高于一切。'你了解我的性格，我决不会舍弃真理而屈从权势！"

1945年春天，徐悲鸿签名响应"争取民主，反对独裁，拥护成立联合政府"的号召。无耻的反动势力还一再梦想要徐悲鸿反悔，但他的意志坚决，不为威逼利诱所动摇，严词加以拒绝。徐悲鸿还为以漫画为战斗武器的中央大学艺术系学生团体"野马社"画了一幅昂首挺胸的奔马图，并在上面题句："直须此世非长夜，漠漠洪荒有尽头。"表示对学生民主运动的支持和对新中国充满无限希望的感情。

□故事感悟

正因为信守"真理高于一切"的理想，才使徐悲鸿永远保持着艺术家品行，不断追求真理、追求进步。毅然拒绝为蒋介石作画，这在当时军统特务统治、法西斯横行的黑暗年代，需要何等的勇气！可谓"铁骨丹心"。作为一位有正义感和不畏权贵、有气节的画坛巨匠，徐悲鸿捍卫真理的正义激情和强烈的爱国主义精神，值得敬佩！

□史海撷英

徐悲鸿参加南国社

学有所成的徐悲鸿在32岁这一年回到中国，开始在国内投身于美术教育工作，发展自己的艺术事业。他参与了田汉、欧阳予倩组织的"南国社"，积极倡导"求美、求善之前先得求真"的"南国精神"。他陆续创作出取材于历史或古代寓言的大幅绘画，这些画作借古喻今，观者从中能够强烈地感受到画家热爱祖国和热爱人民的真挚之情。1931年日军侵华加剧，在民族危亡之际，徐悲鸿创作了希望国家重视和招纳人才的国画《九方皋》；1933年创作了油画《徯我后》，表达苦难民众对贤君的渴望之情；1940年完成了国画《愚公移山》，赞誉中国民众坚忍不拔的毅力和夺取抗日战争最后胜利的顽强意志。除此之外，还创作了《巴人汲水》《巴之贫妇》等现实题材，《漓江春雨》《天回山》等山水题材以及大量人物肖像和动物题材的作品。

■文苑拾萃

徐悲鸿之画《负伤之狮》

《负伤之狮》创作于1938年。当时日寇侵占了我国大半个河山，国土沦丧，生灵涂炭，徐悲鸿怨愤难忍。他画的负伤雄狮，回首翘望，含着无限的深意。他在画上题写："国难孔亟时，与麟若先生同客重庆，相顾不怿，写此以聊抒怀。"表现了作者爱国忧时的思想。

这是一幅现实主义和浪漫主义结合的杰作。中国被称作东方的"睡狮"，现在被日本帝国主义侵占了东北大部分国土，"睡狮"已成了负伤雄狮。这头双目怒视的负伤雄狮在不堪回首的神情中，准备战斗、拼搏，蕴藏着坚强与力量。

夏明翰视死如归

夏明翰（1900—1928），字桂根，衡阳县礼梓山（今洪市镇余家大屋）人，生于湖北秭归县。1921年冬，经毛泽东、何叔衡介绍，加入中国共产党。1927年7月参与发动秋收起义。10月，领导发动了平江农民暴动。由于叛徒出卖，1928年3月18日被捕，后英勇就义。

1928年初，夏明翰告别妻子和刚出生的女儿来到武汉。以野蛮著称的桂系军阀正在大肆搜捕革命者，许多被捕者根本不经审判便被处决。如党的"一大"代表李汉俊当时已脱党，被桂系军阀捉住后也马上被杀害。面对市面上一片萧条和恐怖，夏明翰全无惧色，仍奔走在各个秘密机关，部署"停止年关暴动"的计划。

开始他住在湖南商号，发现武汉卫戍司令部已盯上那里，便迁到东方旅社，与徐特立、谢觉哉、熊瑾玎等研究下一步工作。没过几天，谢觉哉突然说交通员宋若林已靠不住，夏明翰便回到东方旅社收拾东西。他正准备转移时，叛徒宋若林带着警探闯进了房间。

夏明翰被捕后，连续受到刑讯，他在拷打中只是怒斥审判官。回到牢房，他知生命将要结束，忍着伤痛用半截铅笔给母亲、妻子、大姐分别写了三封信。在给妻子郑家钧的信上，他还留下了一个带血迹的吻印。被捕两天后即1928年3月20日的清晨，夏明翰被带到汉口余记里刑场。执行官问他有无遗言，他大喝道："有，给我纸笔来！"接着，他挥笔写下了"砍头不要紧"的就义诗。

■故事感悟

这一正气凛然的就义诗，当时被人称作热血谱写的革命战歌，激励了无数革命者为之奋斗。为了国家和党的利益，为了自己所坚信的主义，敢于牺牲个人，不屈不挠，铁骨铮铮，这就是那些千万志士仁人人生价值的最佳取向和精神世界的最高追求。

■史海撷英

夏明翰参加秋收起义

1927年6月，夏明翰被调回湖南工作，任省委委员兼组织部部长。

党的"八七"会议后，毛泽东回到长沙，同湖南省委商讨秋收起义计划。夏明翰根据计划安排，向各级党组织宣传和组织秋收起义行动。他鼓励自己的弟妹参加武装斗争。经组织同意，派他的七弟夏明弼到衡阳，五弟夏明震到郴州，四妹夏明衡到衡山，组织武装起义。后来，他们均在起义中先后牺牲。

1927年9月9日，在毛泽东指挥下，秋收起义爆发。9月19日，会攻长沙的计划受挫，毛泽东率领秋收起义队伍转向井冈山，创建农村革命根据地。

10月间，湖南省委委派夏明翰兼任平（江）浏（阳）乡特委书记。主要任务是以平、浏为中心继续组织起义，以配合井冈山的斗争。在他的组织领导下，"不数月，党的组织大量发展，革命武装及工农组织空前壮大；国民党的武装及伪政权，偏促于县城弹丸之地，不敢出城门一步。这些成绩，毛简青、夏明翰之力也"。

□文苑拾萃

夏明翰就义诗

砍头不要紧，只要主义真。
杀了夏明翰，自有后来人！

王求礼求实敢直言

武则天（624—705），汉族，中国历史上唯一一位正统的女皇帝（唐高宗时代，民间起义，曾出现一位女皇帝陈硕真），也是继位年龄最大的皇帝（67岁即位），又是寿命最长的皇帝之一（终年82岁）。唐高宗时为皇后（655—683年），唐中宗和唐睿宗时为皇太后（683—690年），后自立为武周皇帝（690—705年），改国号"唐"为"周"，定都洛阳，并号其为"神都"。史称"武周"或"南周"，705年退位。武则天也是一位女诗人和政治家。

大家知道，封建时代的帝王都很迷信，他们以为自己是真龙天子，有神人保佑。所以，每当自然界发生了什么奇异的现象，他们就认为是天意的表现，并且要求大臣们给他解释这些自然现象是吉还是凶。而大臣们为了讨好帝王，得到封赏，也往往不顾事实，连自然灾害也要给解释成吉祥的征兆，说是帝王福运到来的表现。

唐朝大足元年（701年）三月，京城长安一带下了场大雪。

这场雪好大！纷纷扬扬地一直下了三天三夜。雪过之后，地上积的雪水有好几寸深。农民田里的春苗刚长出不久。遇上这场大雪，一下子被冻死了不少；那些经商的、做工的也因为道路湿滑泥泞，无法通行，而损失了不少钱财；就连城里的居民也因为雪来得太突然，来不及准备，有的冻死，有的冻病，还有些人家因为墙倒屋漏无处安身，只好露宿街头。人们到处都在骂这场造孽的大雪，埋怨老天不睁眼。

可是，那些锦衣玉食、养尊处优的达官贵人们可不这么想。他们既冻不着、饿不着，也根本不了解老百姓的痛苦和辛劳，当然不知道这场雪的害处。几天来，他们只顾在深宅大院里饮酒作乐，赏玩雪景。等到大雪过后，他们一琢磨，这倒是个讨好皇上的好机会。于是，就造起舆论来，说这是一场"瑞雪"。

这时候，正是女皇帝武则天执政。武则天也算是位女中豪杰，开天辟地，她做了中国有史以来第一位名副其实的女皇帝。因为反对她的人很多，所以，她一面采取严厉镇压的手段，一面又特别喜欢别人奉承她。那些擅长阿谀奉承的大臣们看出这一点，就千方百计地讨好武则天。这次借着阳春三月下大雪的反常现象，他们又想颠倒黑白，把灾害说成"瑞雪"，来讨武则天的欢心。这些大臣凑在一起，商议了半天，决定先去找宰相苏味道，让他领头向武则天报喜。

苏味道是唐代著名的文学家，为人倒不坏，就是有个爱和稀泥的毛病。他曾对别人说："人生在世，要学会模棱两可，凡事能过得去就可以了，不必过分认真。"所以，人们私下里都叫他"苏模棱"。

那些大臣找到苏味道，和他谈起向皇帝上表庆贺的事。苏味道虽然觉得此事有点勉强，可他想：既然大家都这么说，那就这么办吧。反正这事上上下下都高兴，我何必扫别人的兴呢。于是，他召集大臣们开会，准备草拟一篇庆贺的奏章。

没想到，这件事却惹恼了一位刚直不阿、敢说实话的大臣，他就是侍御史王求礼。

王求礼这人一向就以诚实刚正出名，就连武则天本人也知道他的为人。所以，王求礼几次直言犯上，惹恼武则天，武则天都没有惩罚他。当初，武则天刚登基当女皇的时候，想把和自己有私情的花和尚怀义召进宫里，就借口说怀义擅长工艺，要让怀义进宫修宫殿。大臣们谁不知道武则天的用意，哪个也不敢反对。可王求礼却不管武则天恼不恼，就上了一道奏章。

奏章中说，按朝廷规矩，怀义要进宫，必须做太监。您想，武则天召怀义进宫，是想和他私下里做夫妻，怎么能让怀义当太监呢？大家听说王求礼上了这么一道奏章，都为他捏了一把汗，以为武则天肯定会恼羞成怒，杀了王求礼。可是武则天倒没有处罚王求礼，只是叫人把王求礼训了一顿了事。

这一回，王求礼听苏味道说要庆贺什么"三月瑞雪"，当时就火了。他站起来质问苏味道："你难道不晓得这场雪对老百姓的危害吗？有什么根据说它是'瑞雪'？"

苏味道一时答不出，另一个大臣赶忙接过去说："皇上刚刚改年号为'大足'，就下了这场奇雪，这不是预示着年景丰足，国运昌盛吗？"

王求礼大声斥责道："没想到诸位这样孤陋寡闻，看看田野里的春苗冻死了多少，难道这也会丰足吗？"

又一个大臣说："王御史，你不要以眼前这点小事判断是非，这场雪妙就妙在它来得奇特，这不正预兆了将有大喜大福降临吗？"

王求礼冷笑道："照你这么说，阳春三月下雪是'瑞雪'，那么寒冬腊月打雷就该是'瑞雷'了，世上所有不正常的天灾都可以说成吉祥的征兆吗？"

众人无话可答。于是，百官庆贺"瑞雪"的闹剧没有演成。可那些大臣还不死心，第二天上朝时，他们就各自上前向武则天贺喜。一些大臣一看武则天听了很高兴，也就随声附和，都说这场雪如何如何吉祥，唯独王求礼站在一边，连连冷笑。武则天看了，就问王求礼为何冷笑。

王求礼上前答道："陛下，眼下是阳春三月，正该是风和日丽，万物生长之时。天反而降下寒雪，造成灾害，这怎么能说是'瑞雪'呢？苏味道之流只知道阿谀奉承，取悦陛下，竟连最起码的常识都不顾了。臣以为他们的谎言不值一驳，因此冷笑。"

武则天一听，脸上的喜色顿时一扫而光，可又说不出什么反驳的话，只好宣布退朝，拂袖而去。

过了几天，有个地方官来到京城，献上一头只长了三条腿的小牛犊，还煞有介事地说，这是上天降下的神牛，要献给皇上做吉祥物。

一些大臣又想借献"神牛"来讨好武则天，就撺掇苏味道上表庆贺。这一次王求礼又站出来说："这三足牛不过是个怪胎！牛本来应该有四条腿，这头牛却只有三条，连路都走不好，还说是什么'神牛'。天下万物凡是反常的，都是妖邪，现在出了这头三足牛，只能说明我们为政施教有不妥当的地方，上天不满意，才降下这怪物来警告啊！"

那帮大臣怕王求礼又在武则天面前驳斥他们，只好放弃了上表庆贺的打算。

□故事感悟

要坚持真理，首先要认识真理；要认识真理，第一就要破除迷信，因为真理最初常常被当作"异端邪说"，而谬误却往往被称作"天经地义"。所以，只有那些不迷信权威，不迷信鬼神，不迷信一切的人，才能认识真理，也只有他们，才有勇气坚持真理。

武则天善用人

在用人上，武则天为了夺取政权，维护统治，任用酷吏打击反对派；但是武则天还任用了很多贤臣来治理天下，武则天作为一个政治家在历史上以知人善任著称，武则天一朝号称"君子满朝"，娄师德、狄仁杰等著名的贤臣均在其列，后来的"开元贤相"姚崇和宋璟也是武则天时期提拔起来的。武则天善于用人还体现在她在用人制度上的改革和创新，她改革科举，提高进士科的地位；举行殿试；开创武举、自举、试官等多种制度，让大批出身寒门的子弟有了一展才华的机会。

早春夜宴

（唐）武则天

九春开上节，千门敞夜扉。

兰灯吐新焰，桂魄朗圆辉。

送酒惟须满，流杯不用稀。

务使霞浆兴，方乘泛洛归。

共产主义战士舒玉璋

舒玉璋（？—1933），曾用名昌浩，也写作舒玉章，满族，辽宁
沈阳人。

1923年春，舒玉璋中学未毕业便入奉军第六旅当兵。半年后，考
入东北军教导队第三期学习。1924年春，升入东北军官教育班第一期
学习。同年冬，被保送入日本京都陆军士官学校第二十期深造。在此期
间，他曾聆听过孙中山先生的讲演，深受教益。他刻苦学习军事本领，
关心国内政局，认真研读进步书刊，逐步树立了共产主义人生观。1926
年10月，经留日中共党员介绍，加入中国旅日地下党组织。

1928年5月，济南惨案发生后，舒玉璋不顾日本朋友劝告和个别日
本教官恐吓强留，于1928年冬秘密回到广州。不久，转往陕西国民革
命军第二集团军冯玉祥部工作，任国民革命军西北干部学校上校步兵科
长兼战术教官，后任该部手枪旅参谋长。

1930年4月，蒋介石、冯玉祥、阎锡山争夺政权的"中原大战"爆
发后，他参与策划的手枪旅起义未成，逃往南京避险。

1930年9月，舒玉璋被中共党组织派往北京、山西、河北等地做

党的秘密工作。后调江苏省淮阴清江浦的国民党二十五路军梁冠英部任战术教官，做兵运工作。因他在官兵中宣传爱国进步思想，被梁冠英察觉，准备将他逮捕法办。在中共地下党员掩护下潜入上海。"九一八"事变后，于1931年初冬，受党组织派遣，到鄂豫皖革命根据地工作。

同年11月7日，舒玉璋任红四方面军总指挥部参谋主任，曾多次参与指导反"围剿"和进攻作战，协助总指挥徐向前指挥黄安、商潢、苏家等重大战役，取得辉煌战果。长征路上，他吃苦耐劳，争挑重担。在漫川关突围战中，他坚决抵制张国焘的投降主义路线，拥护徐向前的正确主张。红军入川后，他积极收集和研究四川军阀的资料，还认真总结作战经验，从战略战术上多次给红四方面军总指挥部提出好的建议。利用战隙编写、翻译了不少军事著作，为红军部队的建设做出了很大贡献。

1933年10月，舒玉璋因对张国焘等人的错误提了批评意见，被张国焘等人强加"托派""日本特务""反革命分子"等罪名，在四川巴中县得胜山（今四川平昌县得胜乡）冷水垭杀害。临死时仍高呼"我是共产党员""我要革命，我不是反革命""我坚信共产主义"等口号。对他的一生，徐向前元帅曾给予很高的评价："昌浩同志的一生，是为共产主义事业积极奋斗的一生，对党和人民做出了许多有益的贡献。"

■故事感悟

"我坚持共产主义"，这不单单是一句口号，折射出的是一个共产党员对信念的坚定和对信仰的追求。

鄂豫皖革命根据地的建立

鄂豫皖革命根据地位于湖北、河南、安徽三省边界的大别山区。1927年11月，共产党人潘忠汝、吴光浩、戴克敏、舒玉章等领导了湖北黄麻起义，成立了鄂东军，建立了鄂豫边革命根据地。1929年5月，共产党人徐子清、萧方、周维炯、徐其虚等领导了河南商城起义，建立了豫东革命根据地。1929年11月，共产党人舒传贤、余道江等领导了安徽六霍起义，建立了皖西革命根据地。1930年4月，中共鄂豫皖边特委成立，郭述申任书记；同时成立了工农红军第一军，许继慎任军长。使鄂豫皖革命根据地连成了一片。

中国工农红军第四方面军

中国工农红军第四方面军，是在1931年10月底，由鄂豫皖革命根据地的第四军、第二十五军开始组建。11月7日，在湖北省黄安县（现为红安县）七里坪镇建立，徐向前任总指挥，陈昌浩任政治委员，刘士奇任政治部主任，实际领导权由张国焘控制。方面军下辖第四军、第二十五军。第四军军长为徐向前（兼），政委为陈昌浩（兼）；第二十五军军长为邝继勋，政委为王平章。原四军部改为方面军总部，两军所辖各师归总部直接指挥。总兵力三万余人。时为中国共产党领导下仅次于中央红军的军事力量。不久，又建立红九军，全军共有六个师。之后，红四方面军在鄂豫皖反围剿、粉碎三路围攻、嘉陵江战役等重大战役中做出了巨大的贡献。1937年8月，红四方面军残部和红二十九军等整编为八路军第一二九师，红四方面军结束了艰苦的历程，广大指战员紧密地团结在党中央和中革军委的周围，在党中央的直接领导下，投入抗日战争。

"红色资本家"荣毅仁

荣德生（1875—1952），又名宗铨，字德生，号乐农氏居士，江苏无锡开源乡荣巷人，前国家副主席荣毅仁之父，我国著名的民族资本家。著《乐农纪事》。早年经营钱庄，后在无锡、上海、汉口等地开设茂新、福新面粉公司和振新、申新纺织公司等企业。至民国十一年（1922年）已拥有12家面粉厂和4家纱厂（后申新纱厂增至9家），有"面粉大王"和"棉纱大王"之称，是中国最大的民族资本家之一。曾任北洋政府国会议员、国民政府工商部参议等职。

2005年10月26日20时31分，中华人民共和国原副主席荣毅仁在北京逝世，享年89岁。

荣毅仁，1916年生，祖籍江苏无锡。荣毅仁的一生在企业家与政治家之间转换，将"资本"与"红色政权"结合得天衣无缝。国家领导人称赞他为"中国现代民族工商业者的杰出代表，卓越的国家领导人，伟大的爱国主义、共产主义战士"。

1949年，国民党政府崩溃前夕，上海产业人士纷纷迁资海外。这让荣德生气愤不已，"生平未尝为非作恶，焉用逃往国外"？荣毅仁与父亲荣德生决定留在大陆。33岁的荣毅仁正式接手家族的12家面粉厂生意及上海三新银行。此举在无锡、上海一带的民族工商业者中造成极大影响。无锡工商界在解放时绝大多数未迁厂。

上海解放后，百废待兴。荣氏企业不仅资金紧张，原料也供应不足，经营面临严重困难。国家通过发放贷款、供应原料、收购产品委托加工等方式，对荣氏企业予以大力扶持。在其后的抗美援朝中，荣毅仁捐献了六架飞机。

1954年，荣毅仁率先向上海市政府提出将他的产业实行公私合营。一次，他指着坐在一起的孩子们笑道："他们有的要做音乐家，有的要做工程师，就是没有一个想做资本家。"

此举在上海工商界引起轰动。"红色资本家"的称呼由此得来。毛泽东曾说："荣家是中国民族资本家的首户，中国在世界上真正称得上是财团的，就只有他们一家。"

1979年，中国百废待兴。邓小平找到了荣毅仁，探讨在中国实行对外开放的一些问题。邓小平要荣毅仁在引进外资方面多多出谋划策。促膝长谈回来后，荣毅仁便陷入苦思冥想中。不久，他拿出了"方案"，建议按国际惯例，建立国际信托投资公司。此议得到邓小平等领导人的全力支持。1979年10月，直属国务院的CITIC投资机构——中国国际信托投资公司正式成立。荣毅仁担任总裁。公司成立第一年，荣毅仁就接待了来自40个国家和地区的客人达4000多人次，国内前来洽谈业务的也有3000多人次。

20世纪80年代初期，中国22项重点工程中的大项目——江苏仪征化纤工程，因投资不足准备下马。中国急需化纤产品，此项目下马损失难以预料，纺织部找到中信公司寻求帮助，中信公司提出了向海外发行债券的办法。1981年2月，中信公司成功地在日本发行了100亿日元的债券。这次集资创举被称为"仪征模式"。中信公司以后数年间先后在日本、德国、新加坡等国家和中国香港等地发行了多次不同币种的债券。仅1984年一年就在海外四次成功发行债券，共发行300亿日元、3亿港币和1.5亿西德马克的公募债券以及1亿美元债券，为中国工业化争取到了宝贵的资金援助。

1986年年底，美国著名大型经济刊物《幸福》半月刊公布了该刊组织专家评选出来的世界50名知名企业家的名单，荣毅仁榜上有名。中信公司被邓小平称为"改革开放的窗口"。

早在1957年年初，时任国务院副总理兼上海市市长的陈毅，受毛泽东委托专程到上海为荣毅仁"助选"。荣毅仁当选为上海市副市长，主管轻纺工业。陈毅这样表述他的助选理由："因为他既爱国又有本领，应当选为政府领导人。"

荣毅仁是第一至八届全国人大代表，第四、五届全国人大常委会委员，第六、七届全国人大常委会副委员长。第二届全国政协委员，第三、四届全国政协常委，第五届全国政协副主席。他是中国连任八届的全国人大代表。

叶剑英曾说："荣毅仁在国际上有知名度，家族中又有很多人在国外……这个优势，别人替代不了，共产党员替代不了。"1986年6月，荣氏家族200多位海外亲属回国大团圆，邓小平和彭真在人民大会堂分别会见了荣氏亲属，被称为空前的盛举。

1993年，在第八届全国人民代表大会一次会议上，77岁高龄的荣毅仁被选为中华人民共和国国家副主席。外电争相报道。在外国人眼中，民族资本家和共产党领导的国家的副主席，中间似乎隔着一条不可逾越的鸿沟，但荣毅仁却跨过了。

他曾概括自己的一生说：就以我的家族来讲，在新中国成立前也算个大的民族资本家。从1900年开始办厂创业，到1949年，50年艰苦奋斗，认真经营，才搞了20多个企业，这在新中国成立前已经是了不起了。可是，我从1979年担任"中信"公司的董事长九年来，共投资、合资搞了209个企业……这其中有广大的干部和老同志的共同努力；但最基本的，是因为有共产党的领导，坚持走社会主义道路。

■故事感悟

"资本"与"红色政权"的完美结合，这是荣毅仁为他自己的一生下的结语。荣毅仁一直坚持着共产主义的信念，坚持党的领导，坚持走社会主义道路，成就了一代"红色资本家"的人生历程。

■史海撷英

公私合营

公私合营是中国对民族资本主义工商业实行社会主义改造所采取的国家资本主义的高级形式。大体上经过个别企业的公私合营和全行业公私合营两个阶段。个别企业的公私合营，是在私营企业中增加公股，国家派驻干部（公方代表）负责企业的经营管理。1956年初，全国出现社会主义改造高潮，资本主义工商业实现了全行业公私合营。国家对资本主义私股的赎买改行"定息制度"，统一规定年息五厘。生产资料由国家统一调配使用，资本家除定息外，不再以资本家身份行使职权，并在劳动中逐步改造为自食其力的劳动者。1966年9月，定息年限期满，公私合营企业最后转变为社会主义全民所有制。

■文苑拾萃

中国国际信托集团公司

中信集团公司（原中国国际信托投资公司）是中国改革开放的总设计

师邓小平亲自倡导和批准，由前政协副主席荣毅仁于 1979 年 10 月 4 日创办的。

中国国际信托投资公司成立初期曾被邓小平同志赞誉为中国在对外开放中的一个窗口。中信集团按照国家的法律法规和方针政策，坚持开拓创新，通过吸收和运用外资，引进先进技术，采用国际上先进、科学的经营方式和管理方法，遵循市场经济规律，在诸多业务领域中进行了卓有成效的探索，取得了较好的经济效益，在国内外树立了良好的信誉，为国家的改革开放事业做出了重大贡献。

中信集团现已成为具有较大规模的国际化大型跨国企业集团。中信集团目前拥有 44 家子公司（银行），其中包括设在香港、美国、加拿大、澳大利亚等地的子公司；在东京、纽约设立了代表处。中信集团的业务主要集中在金融、实业和其他服务业领域。截至 2007 年年底，中信集团的总资产为 13217 亿元；当年净利润为 160 亿元。

在中国国际信托投资公司成立 5 周年时，邓小平为其题词："勇于创新多做贡献"；中国国际信托投资公司成立 20 周年时，江泽民题词："开拓创新勤勉奋发办好中信"。

中信公司以金融为主业，拥有银行、证券、保险、信托、基金、期货等金融牌照齐全的金融子公司，金融业务综合优势明显，发展势头良好。2006 年中信公司金融子公司的改革和发展取得显著成绩，主要金融子公司盈利创历史新高。截至 2006 年末，金融性子公司总资产达到 8161 亿元，占中信公司总资产的 78.3%；营业收入 387.7 亿元，占中信公司营业收入的 47%；净利润 50.4 亿元，占中信公司净利润的 77.9%。

非金融业务是中信公司综合经营极其重要的组成部分。2006 年，中信公司的非金融业务在一些领域取得突破性进展。截至 2006 年年末，非金融性子公司总资产达到 1072 亿元，占中信公司总资产的 10.3%；营业收入 425.9 亿元，占中信公司营业收入的 51.7%；净利润 26 亿元，占中信公司净利润的 40.2%。

"中国的保尔" 吴运铎

吴运铎（1917—1991），祖籍湖北武汉，生于江西萍乡。早年曾在安源煤矿当矿工。1938年参加新四军，1939年加入中国共产党。历任新四军司令部修械所车间主任、淮南根据地子弹厂厂长、华中军工处炮弹厂厂长，机械科学研究院副总工程师、五机部科学研究院副院长和顾问等职。1951年10月，中央人民政府政务院和全国总工会授予他特邀全国劳动模范称号，并将他誉为中国的"保尔·柯察金"。

吴运铎的经历，是一个从小受党教育并在革命中成长起来的有高度觉悟的工人典型。他童年在安源煤矿时就从李立三、刘少奇领导的工运中了解到共产党是工人的救星，此后刻苦钻研技术，并服务于党的兵工事业。他以感人至深的事迹，一直坚持共产主义，并实践了自己的誓言："把我们的力量、我们的智慧、我们的生命、我们的一切，都交给祖国、交给人民、交给党！"

在战争年代，吴运铎的事迹也是革命军工事业的一个缩影。当年"没有枪，没有炮，敌人给我们造"，武器主要靠从敌人手中缴获，大部分弹药还得自己解决。吴运铎就带着七个学徒，每年为前线生产子弹60万发。他们没有经过正规学校培训，靠用鲜血交学费边干边学。吴运铎过去连地雷是什么样子都没见过，靠着看书后再试验，用迫击炮弹空壳灌满炸药，再拧上用电灯泡做的电雷管，就研制出了各种地雷。当年军工生产条件极为艰难，在新四军的军械所里，旋床是自己造的，枪管中的来复线由自己刻。没有发动机，就借老乡磨面的石磨，插上铁棍当轮轴，靠人手把磨盘摇起来就是一台发动机。

这种"山沟兵工厂"制造的弹药和修复、自制的武器一批批送往前线，照样使敌伪胆寒。新中国军工企业的发展壮大，正与继承发扬老军工的光荣传统密不可分。

吴运铎在新四军医院养伤的时候，听前线下来的伤员介绍说，由于武器缺乏，有的战士还在使用鸟枪打仗；每个战士一般只有三发子弹，平时为壮声势不得不用高粱秆把子弹袋撑起来，打完了仗还要把弹壳捡回来上缴以重新复装。他听后，在医院再也躺不住，不顾伤口未痊愈便拖着伤残的身体拄着树棍回到工厂。

第二次负重伤时，他躺在病床上不能下地，就躺在床上画武器的设计草图，伤口迸裂鲜血直流而浑然不觉，医生不得不没收了他的钢笔和小本子。

在新四军里，鉴于日伪军在淮南津浦路四处修筑了碉堡群，步枪手榴弹难以对付，吴运铎便设计制造出专门攻坚用的简易平射炮，在攻占鸡岗的战斗中，36门平射炮一齐开火，碉堡即刻土崩瓦解。后来他又把炮的口径从36厘米扩大到42厘米，增加射程到4千米。他设计制造的枪榴弹，射程达540米，也很受部队欢迎。当时缺乏原料，他便四处想办法。一次美军飞机轰炸日本占领区投下的炸弹中有8颗未炸，吴运铎便去拆卸。此时炸弹里面的机件因震荡变形，落弹又相距很近，一个爆炸就会引爆其他的。吴运铎让大家躲到安全的地方，自己不顾生死上前细心检查了构造，谨慎地拆下了引信，不仅为民消除了危险，而且从中取出了大量炸药。

在军工生产中，吴运铎伤残严重。第三次负伤时，抢救的医生怕他麻醉后醒不过来，手术时连麻药也没敢用，他却硬挺了过来。医生用X光检查后发现他右眼里还残存一块小弹片取不出来，就坦率地告诉他有失明的危险。吴运铎却说："如果我瞎了，就到农村去，做一个盲人宣传者！"在病床上他利用尚存的微弱视力，坚持把引信的设计搞完，并让人买来了化学药品和仪器，在疗养室中办起了炸药实验室，制造出新型的高级炸药。同时，他还学习日文，以便阅读参考资料。

吴运铎最爱读《钢铁是怎样炼成的》一书，最敬佩书中的主人公保尔。1949年冬，党组织送他到苏联去诊治眼睛。在莫斯科时，《钢铁是怎样炼成的》的作者奥斯特洛夫斯基的夫人听到了他的英雄事迹，特地到医院看望。苏联医生对这位"中国的保尔"也十分崇敬，经过悉心治疗，吴运铎的部分视力得到恢复，回国后应邀参加了天安门国庆观礼。1953年，他拖着伤残的身体写下了自传体小说《把一切献给党》，发行达500余万册，并被翻译成俄、英、日等多种文字，成了那个时代鼓舞人们奋发向上的教科书。

■故事感悟

钢铁是怎样炼成的？"钢铁"是像吴运铎同志这样在革命斗争的大熔炉中"炼"成的！为了坚持自己的信仰，哪怕是生命都随时准备付出！把一切献给祖国，把一切献给党！

吴运铎研究枪榴弹

1943年春，时任新四军二师师长的罗炳辉找到吴运铎谈话，要他再研制一种新式武器。吴运铎接受任务后，和兵工厂的技工们日夜攻关，仅用半个月时间，就研制出一种新式的弹筒和枪榴弹。第一次实验射击命中率极高，工人们无不欢欣鼓舞。由于射程较短，不到240米，吴运铎不满意，又重新设计，把厚柱形弹改成了滴水型，减小空气的阻力，使射程达到了540米。枪榴弹在后来的来六县桂子山战斗中立了大功，为此，二师五旅成钧旅长奖励给吴运铎一支手枪。

黄克诚一生仗义执言

黄克诚（1902—1986），湖南永兴人。1925年加入中国共产党。1955年9月被授予大将军衔，一级八一勋章、一级独立自由勋章和一级解放勋章。

在党内的老一代人中，大家都钦敬以刚直正派著称的黄克诚同志。他的一生历经曲折坎坷。几十年间有许多次受到错误的批斗，却始终坚持革命的理想信念，为真理敢做敢言。人称这位大将是彭德怀最亲密的战友，也与彭元帅一样是最正直的人。

黄克诚小时在家读私塾，靠全家族凑谷子才能到县城读高小。1922年考上免费的衡阳省立第三师范学校。他在校读到马列主义书籍，并于1925年加入了共产党，随后受组织派遣赴广州加入中央政治讲习所。次年，他被派往北伐军中搞政工，在战斗中晋升上尉。1927年国民党反共后，他回乡找党组织，次年初参加湘南暴动。他随朱德的部队上井冈山，任团长，不久因山上供应困难奉命率湘南农军返乡打游击。队伍被打散后，他到军阀部队中开展工作。1930年初，进入鄂东南苏区，在红五军任大队政委。

在由红五军扩编成的红三军团中,黄克诚几度任师政委,又几度因反对肃反扩大化、反对盲目打硬仗而被撤职,但他仍一直兢兢业业,艰难地走完了长征。

黄克诚一生仗义执言,为我党、我军的事业敢于坚持真理,不怕打击。

抗日战争开始后,黄克诚敏锐地发现,为迁就国民党而在八路军中取消政委制会造成严重恶果,于是就向中央建议恢复政委制度。他随后被派到徐海东领导的三四四旅任政委,指挥了正太路以北和晋东南对日寇的一系列作战。在永年战斗中,他被日军包围,因瓦斯中毒一度昏迷,被抢救脱险后率部冲出。此后,他又带领三四四旅挺进淮北、苏北,发展成为兵力达七万人的新四军第三师。抗战胜利后,黄克诚建议:不管苏军同意不同意,都要进军东北,随后又率三师主力三万多人北进。部队到达冀热辽后,他又力主避免决战而先开创新根据地。此后,他任西满军区司令员,又任东北军区后勤部长、第二兵团政委。

辽沈战役结束后,毛泽东鉴于黄克诚能提出独到见解,任命他主持接管天津。1949年秋,他回到故乡湖南担任省委书记。1952年,他又奉调回军队,任总后勤部部长、副总参谋长。1955年,被授予大将军衔。1958年,任总参谋长,负责军委日常工作。

1959年庐山会议上,彭德怀受到错误的批判。对此,黄克诚表示不平。有人提醒他,只要揭发并划清界限便可解脱。他回答:"落井下石也得有石头,可我一块石头也没有。我决不做诬陷别人,解脱自己的事!"随后,他被批斗和撤职降级,经过一段闲居后改任山西省副省长。

"文革"期间,黄克诚又被关押审查,并被拉去为彭德怀陪斗。党的十一届三中全会后,20年前庐山会议的冤案得以平反,黄克诚又任中央纪律检查委员会书记。此时，他年近80，双目失明，仍大力拨乱反正，并严肃告诫纪检干部要敢于在太岁头上动土，敢于从老虎口中拔牙。后因身体日衰，他主动向中央请退。1986年，黄克诚去世，其一生坚持真理的精神令人永怀。

■故事感悟

"太岁头上动土"又如何，"虎口拔牙"又怎样？只要是为了真理，黄大将军宁愿牺牲自我，也要为了捍卫真理而奋斗到底！

■史海撷英

黄克诚的简朴生活

1949年1月，黄克诚担任中共天津市委书记。进天津时，黄克诚曾当众宣布了他的"章法"：我黄克诚进天津时穿着这身衣服，有一日出天津还是穿着这身衣服，保证原封不动。他说到做到。黄克诚不仅在天津穿着俭朴，进了北京，也照样衣着朴素，从不追求个人享受。他平时穿的衣服是穿到实在不能再穿了，才舍得换掉的。黄克诚在担任中央军委秘书长兼总参谋长期间，大力提倡勤俭办事，勤俭建军，并严格掌握着行政和军费开支，不该花的钱他一分都不许花。

党的十一届三中全会之后，黄克诚重新担任了党和军队的领导职务。有关部门见他住的房子太破旧了，夏天漏雨，冬天透风，就动员他搬迁或翻修，但都被他拒绝了。他说："我们国家还很穷，群众住房更困难，许多家庭是几代同堂住一间房子。我现在住的房子比起他们来不知要好上多少倍。"然而，由于他所住的房子实在是太破旧了，一次，腐烂的顶板竟然掉下来一块，这块顶板正好落在他的床边。万幸的是，他没有被伤着。在这种情况下，他才同意翻修屋顶。但是，当他听说翻修屋顶需要花费上万元钱时，他又改主意了，坚决不同意翻修："哪里坏了就修哪里，不要全部翻修，能节省一点是一点。"

为了黄克诚将军洗澡用水方便，有关部门决定给他家接通热力管道。他们办好了预算拨款手续，画好了线路图，准备开始施工，但黄克诚却坚决不让施工。因为他听说接热力管道需要花费3万元。他说，不接这个热力管道我照样可以洗澡，为什么要花这么多钱呢？结果，直到他1986年逝世，住的还是那所旧房子，热力管道也始终没有接。

第三篇

为祖国真情奉献

苏武牧羊十九年

　　苏武（前140—前60），字子卿，杜陵（今陕西西安东南）人，中国西汉大臣。武帝时为郎。天汉元年（前100年）奉命以中郎将持节出使匈奴，被扣留。匈奴贵族多次威胁利诱，欲使其投降；后将他迁到北海（今贝加尔湖）边牧羊，扬言要公羊生子方可释放他回国。苏武历尽艰辛，留居匈奴十九年持节不屈。至始元六年（前81年），方获释回汉。苏武死后，汉宣帝将其列为麒麟阁十一功臣之一，彰显其节操。

　　匈奴自从被卫青、霍去病打败以后，双方有好几年没有短兵相接。他们口头上表示要跟汉朝和好，实际上还是有着随时想进犯中原的野心。匈奴的单于一次次派使者来求和，可是汉朝的使者到匈奴去回访，有的却被他们扣留了。汉朝也扣留了一些匈奴使者。

　　公元前100年，汉武帝正想出兵打匈奴，匈奴派使者来求和了，还把汉朝的使者都放回来。汉武帝为了答复匈奴的善意表示，派中郎将苏武拿着旌节，带着副手张胜和随员常惠，出使匈奴。苏武到了匈奴，送回扣留的使者，送上礼物。苏武正等单于写个回信让他回去，没想到就在这个时候，出了一件很不幸的事情。

苏武没到匈奴之前，有一个生长在汉朝的匈奴人，叫卫律，在出使匈奴后投降了匈奴。单于特别重用他，封他为王。卫律有一个部下叫作虞常，对卫律很不满意。他跟苏武的副手张胜原来是朋友，就暗地跟张胜商量，想杀了卫律，劫持单于的母亲，逃回中原去。

张胜表示很同情，没想到虞常的计划没成功，反而被匈奴人逮住了。单于大怒，叫卫律审问虞常，还要查问出同谋的人来。

苏武本来不知道这件事。到了这时，张胜怕受到牵连，才告诉苏武。

苏武说："事情已经到了这个地步，一定会牵连到我。如果让人家审问以后再死，不是更给朝廷丢脸吗？"说罢，就拔出刀来要自杀。张胜和随员常惠眼快，夺去他手里的刀，把他劝住了。

虞常受尽种种刑罚，只承认跟张胜是朋友，说过话，拼死也不承认跟他同谋。

卫律向单于报告。单于大怒，想杀死苏武，被大臣劝阻了。单于又叫卫律去逼迫苏武投降。

苏武一听卫律叫他投降，就说："我是汉朝的使者，如果违背了使命，丧失了气节，活下去还有什么脸见人。"又拔出刀来向脖子抹去。

卫律慌忙把他抱住，苏武的脖子已受了重伤，昏了过去。

卫律赶快叫人抢救，苏武才慢慢苏醒过来。

单于觉得苏武是个有气节的好汉，十分钦佩他。等苏武的伤痊愈了，单于又想逼苏武投降。

单于派卫律审问虞常，让苏武在旁边听着。卫律先把虞常定了死罪，杀了；接着，又举剑威胁张胜，张胜贪生怕死，投降了。

卫律对苏武说："你的副手有罪，你也得连坐。"

苏武说："我既没有跟他同谋，又不是他的亲属，为什么要连坐？"

卫律又举起剑威胁苏武，苏武不动声色。卫律没法，只好把举起的剑放下来，劝苏武说："我也是不得已才投降匈奴的，单于待我好，封我为王，给我几万名的部下和满山的牛羊，享尽富贵荣华。先生如果能够投降匈奴，明天也跟我一样，何必白白送掉性命呢？"

苏武怒气冲冲地站起来，说："卫律！你是汉人的儿子，做了汉朝的臣下。你忘恩负义，背叛了父母，背叛了朝廷，厚颜无耻地做了汉奸，还有什么脸来和我说话。我决不会投降，怎么逼我也没有用。"

卫律碰了一鼻子灰回去，向单于报告。单于把苏武关在地窖里，不给他吃的喝的，想用长期折磨的办法，逼他屈服。

这时候正是入冬天气，外面下着鹅毛大雪。苏武忍饥挨饿，渴了，就捧了一把雪止渴；饿了，扯一些皮带、羊皮片啃着充饥。过了几天，居然没有饿死。

单于见折磨他没用，把他送到北海（今贝加尔湖）边去放羊，跟他的部下常惠分隔开来，不许他们通消息。还对苏武说："等公羊生了小羊，才放你回去。"公羊怎么会生小羊呢？这不过是说要长期监禁他罢了。

苏武到了北海，旁边什么人都没有，唯一和他做伴的是那根代表朝廷的旌节。匈奴不给口粮，他就掘野鼠洞里的草根充饥。日子一久，旌节上的穗子全掉了。

一直到了公元前85年，匈奴的单于死了，匈奴发生内乱，分成了三个国家。新单于没有力量再跟汉朝打仗，又打发使者来求和。那时候，汉武帝已死去，他的儿子汉昭帝即位。

汉昭帝派使者到匈奴去，要单于放回苏武，匈奴谎说苏武已经死了。使者信以为真，就没有再提。

第二次，汉使者又到匈奴去，苏武的随从常惠还在匈奴。他买通匈奴人，私下和汉使者见面，把苏武在北海牧羊的情况告诉了使者。使者见了单于，严厉责备他说："匈奴既然存心同汉朝和好，不应该欺骗汉朝。我们皇上在御花园射下一只大雁，雁脚上拴着一条绸子，上面写着苏武还活着，你怎么说他死了呢？"

单于听了，吓了一大跳。他还以为真的是苏武的忠义感动了飞鸟，连大雁也替他送消息呢。他向使者道歉说："苏武确实是活着，我们把他放回去就是了。"

苏武出使的时候，才40岁。在匈奴受了19年的折磨，胡须、头发全白了。回到长安的那天，长安的人民都出来迎接他。他们瞧见白胡须、白头发的苏武手里拿着光杆子的旌节，没有一个不受感动的，说他真是个有气节的大丈夫。

至始元六年（公元前81年），方获释回汉。苏武去世后，汉宣帝将其列为麒麟阁11功臣之一，彰显其节操。

□故事感悟

这犹如一首催人泪下的悲壮之歌。苏武历经磨难，不畏艰苦、尽忠守节，宁死不屈。这种精神是源于他坚贞不移的气节和情系故国的情怀，这段故事至今仍然被无数炎黄子孙争相传唱。

□史海撷英

李陵战败降匈奴之后

天汉二年（公元前99年），李陵战败后，武帝召见了李陵的妻母，后听说李陵投降，大怒而责，陈步乐自杀，群臣皆言李陵有罪。武帝问太史令司马迁，司马迁盛言："陵事亲孝，与士信，常奋不顾身以殉国家之急。其素所畜积也，有国士之风。今举事一不幸，全躯保妻子之臣随而媒蘖其短，诚可痛也！且陵提步卒不满五千，深入戎马之地，抑数万之师，虏救死扶伤不暇，悉举引弓之民共攻围之。转斗千里，矢尽道穷，士张空拳，冒白刃，北首争死敌，得人之死力，虽古名将不过也。身虽陷败，然其所摧败亦足暴于天下。彼之不死，宜欲得当以报汉也。"

这次李广利出征匈奴，因为李陵和单于主力遭遇了，李广利的功劳很少。武帝因此迁怒于司马迁，将其腐刑下狱。后武帝后悔没给李陵派救援，说："陵当发出塞，乃诏强弩都尉令迎军。坐预诏之，得令老将生奸诈。"（《汉书·李广苏建传》）于是遣使者慰劳李陵军逃脱的人。

李陵在匈奴一年有余，武帝派因杅将军公孙敖率兵入匈奴，无功而还，说："捕得生口，言李陵教单于为兵以备汉军，故臣无所得。"（《汉书·李广苏建传》）武帝闻后，将李陵母弟妻子全部诛杀。陇西士大夫都以李氏为愧。李氏的名声由此败落了。

■ 文苑拾萃

苏武被流放的北海——贝加尔湖

苏武被流放的北海，也就是后来的贝加尔湖。

贝加尔湖是世界最著名的湖泊。湖形狭长弯曲，宛如一弯新月，所以又有"月亮湖"之称。它长636千米，平均宽48千米，最宽79.4千米，面积3.15万平方千米，平均深度744米，最深点1642米，湖面海拔456米。贝加尔湖湖水澄澈清冽，且稳定透明（透明度达40.8米）。

其总蓄水量23600立方千米，相当于北美洲五大湖蓄水量的总和，约占地表不冻淡水资源总量的1/5。假设贝加尔湖是世界上唯一的水源，其水量也够50亿人用半个世纪。贝加尔湖容积巨大的秘密在于深度，该湖平均水深730米，最深处有1620米。如果我们把高大的泰山放入湖中的最深处，山顶距水面还有 100 米。

　　湖上风景秀美、景观奇特，湖内物种丰富，是一座集丰富自然资源于一身的宝库。湖中的动植物比世界上任何一个淡水湖里的都多，其中 1083 种生物还是世界上独一无二的品种。最令科学家感兴趣的是生物的古老性，其中有很多西伯利亚其他淡水湖已绝迹的物种。该湖还是俄罗斯的主要渔场之一。贝加尔湖就其面积而言只居全球第九位，却是世界上最古老的湖泊之一（据考其历史已有 2500 万年）。

班超落叶归根

班超（32—102），字仲升，东汉著名的军事家和外交家。班超是著名史学家班彪的幼子，其长兄班固、妹妹班昭也是著名的史学家。班超为人有大志，不修细节，但内心孝敬恭谨，审察事理。他曾出使西域，为平定西域、促进民族融合，做出了巨大贡献。

班超长期在极远的西域，年纪大了，思念故土。上书向皇帝乞求归国说："我不敢（指望能）看见酒泉郡，只希望能够活着进入玉门关。我很恭敬地派遣我的儿子班勇随安息国进献的贡品进入塞内。在我活着的时候，使班勇可眼见得中原的土地。"朝廷很久也没有回报消息。

班超的妹妹上书说："蛮夷地方的人，生性狂悖忤逆，欺侮老人；而班超早晚要死去，长久不被替代，恐怕造成坏人犯法作乱的机会，滋生忤逆作乱的意图。"

而卿大夫都怀藏一时应付的想法，没有一个人愿意做长远的考虑。如果发生暴乱，班超力不从心，就对上有损国家多年来经营西域的功业，对下丢弃了忠臣竭尽全力的作为，这的确是值得痛惜的。所以班超远在万里之外诚挚地请求归国，自己陈述苦恼和危急。他上书说："伸长脖子遥望，三年直到现在，没有受到察看采纳。我私下听说古时候15岁接受兵器（指的是参军），60岁可以回家，也有休息的时候，不担任职务。所以我冒死为自己请求，请允许班超剩下一点时间，乃得以活着回来，再一次在朝廷上可以看见他，使国家没有担心西域突发暴乱的顾虑，班超能够长久地受到您如文王葬骨、子方哀老一样体恤老人的恩惠。"皇帝被他的话感动了，于是召班超回来。

八月，班超到了洛阳，官拜射声校尉。九月，班超去世。

□故事感悟

班超身在异乡，那种思念故国的情感怎能不强烈？正是他那种坚贞不移的信念和情系故国的强烈感情感动了当朝皇帝，才得以"圆梦"故土。班超求归的故事感人至深，同时也教育我们，要时时刻刻永远把祖国当成家！

□史海撷英

班超定西域

在西域屯垦戍边是自汉武帝开始历代政权治国安邦的国策。

公元73年，40岁的班超在官府干些抄抄写写的文书工作。当时，西域被匈奴再度控制，汉明帝刘庄诏令大军西征。早已对整天抄写官报文牍感到厌烦的班超非常惊喜，于是他把笔扔掉，加入了西征的队伍。

在与匈奴的第一仗中，班超仅带领36名精干的骑兵，一个偷袭就把匈奴军队打败了。

卓越的军事才能使班超得到皇帝的赏识，皇帝派他出使西域，联络各城邦，共同对付匈奴。经过一番斗智斗勇的过程，鄯善王依附汉王朝。

接着，班超来到西域三大城邦之一的于阗，于阗王与中央政权再次和好。

最后，班超兵不血刃占领了疏勒。

从此，被匈奴封闭65年之久的丝绸之路再度开通。

盘橐城的城墙经历2000年风雨至今屹立在喀什。这里有班超和他那些神勇的三十六壮士的塑像。班超在此驻守长达17年，他以这里为根据地，抗击匈奴，恢复了中央政权对西域的统治。

■文苑拾萃

"不入虎穴、焉得虎子"典故的由来

东汉时候，班超跟随奉车都尉窦固和匈奴作战，建立了功劳。后被派出使西域，他首先到鄯善国。国王早知班超的情况，对他十分敬重，但没过几天，一下子变得怠慢起来。班超召集同来的三十六人说："鄯善国王最近对我们很冷淡，一定是北方匈奴也派人来笼络他，使他犹豫不知顺从哪一边。聪明人要在事情还没有萌芽的时候就发现它的产生原因，何况现在事情已经十分明显了。"

经过打听，真的是这样。于是班超又对随行的人说："我们现在处境十分危险，匈奴使者才来几天，鄯善国王就对我们这么冷淡；如果再过一些时候，鄯善国王可能会把我们绑起来送给匈奴。你们说，我们应该怎么办？"当时大家坚决地表示愿听他的主张。他便继续道："不入虎穴，焉得虎子。现在唯一的办法，就是在今天夜里用火攻击匈奴来使，迅速把他们杀了。这样一来，鄯善国王才会真心诚意归顺汉朝。"

这天夜里，班超就和他同去的36名随从冲进匈奴人住所，奋力死战，用少数人力战胜了多数的匈奴人，终于达到了预期的目的。

土尔扈特东归壮举

> 渥巴锡（1743—1775），蒙古族，是厄鲁特蒙古土尔扈特部第七代首领，他创造了举世闻名的民族大迁徙奇迹，是我国历史上著名的"东归民族英雄"。

蒙古族土尔扈特人在伏尔加河流域生活了140多年，到了18世纪60年代，他们决心返回故土——大清，主要原因来自沙俄帝国的巨大压力，使他们再也无法生活下去。

土尔扈特部在1767年东归。当时的土尔扈特在渥巴锡的领导下，开了一次小型的绝密会议，在这个会议上就决定要东归故土。

土尔扈特人毕竟在伏尔加河流域生活了将近一个半世纪，那里的草原、牧场都留下了他们的足迹，洒下了他们的汗水。马上要放弃那块土地，说走就走，在老百姓中也不是所有的人一下子都能想通。

清朝乾隆三十五年（1770年）秋，在伏尔加河下游草原的一个秘密地点，土尔扈特汗王渥巴锡第二次主持召开了绝密会议。会上，他们庄严宣誓，离开沙皇俄国，返回祖国去。

1771年1月4日，渥巴锡召集全体战士总动员，提出土尔扈特人如果不进行反抗，脱离沙皇俄国，就将沦为奴隶。这次总动员，点燃了土尔扈特人心中奔向光明的火焰。

尽管渥巴锡等人力图对俄国人保密，消息还是泄露了。形势的急剧变化，迫使渥巴锡不得不提前行动。

他们本来计划携同西岸的一万余户同胞一道返回故土。不巧当年竟是暖冬，河水迟迟不结冰，西岸的人无法过河。只好临时决定，东岸的三万余户立即行动。

第二天凌晨，寒风凛冽。当阳光洒向大雪覆盖着的伏尔加草原时，伏尔加河东岸的3.3万多户约17万土尔扈特人出发了，离开了他们寄居将近一个半世纪的异国他乡，用他们的话说：到东方去，到太阳升起的地方去寻找新的生活。

渥巴锡率领一万名土尔扈特战士断后。他带头点燃了自己的木制宫殿；刹那间，无数村落也燃起了熊熊烈火。这种破釜沉舟的悲壮之举，表现了土尔扈特人将一去不返，同沙俄彻底决裂的决心。

土尔扈特东归的消息，很快传到了圣彼得堡。沙皇俄国女皇叶卡德林娜二世认为，让整个部落从她的鼻尖下走出国境，这是沙皇罗曼诺夫家族的耻辱。她立即派出大批哥萨克骑兵，去追赶东去的土尔扈特人。同时采取措施，把留在伏尔加河西岸的一万余户土尔扈特人严格监控起来。

土尔扈特人的队伍很快穿过了伏尔加河和乌拉尔河之间的草原，走在外侧的一支土尔扈特队伍被哥萨克骑兵追上了。由于土尔扈特人是赶着牲畜前进的，来不及把散布在广阔原野上的队伍集中起来抵抗，九千名战士和乡亲壮烈牺牲。

东归队伍必经的一个险要山口，就是奥琴峡谷。一支庞大的哥萨克骑兵抢先占据了这个山口。面对强敌，渥巴锡镇定指挥：他组织五队骆驼兵从正面发起进攻，后面派枪队包抄，将哥萨克军队几乎全歼，为牺牲的九千名同胞报了仇。

一路上除了残酷的战斗，土尔扈特人还不断遭到严寒和瘟疫的袭击。由于战斗伤亡、疾病困扰、饥饿袭击，土尔扈特人口大量减员。有人对能否返回祖国丧失了信心。

在这最困难的时刻，渥巴锡及时召开会议，鼓舞士气。他说：我们宁死也不能回头！土尔扈特人东归的消息，事前清政府一点也不知道。土尔扈特人无法和清政府沟通，更不可能得到清政府的任何援助。英勇的土尔扈特人，只有再次抖擞精神，向着既定的目标一步步走去。

乾隆三十六年三月（1771年4月），定边左副将军车布登札布向朝廷奏报说俄方派人来通报土尔扈特举部东返，清政府才得知这一消息。

土尔扈特人归来的消息在清朝朝廷中引起了争论，是把他们挡回去，还是把他们接回来，意见并不一致。

最后清政府决定：第一，这件事如果俄国政府要出面交涉，要坚决挡回去；第二，土尔扈特人回来以后，一定要好好安置。

土尔扈特人浴血奋战，义无反顾。历时近半年，行程上万里。他们战胜了沙俄、哥萨克和哈萨克等军队不断的围追堵截，战胜了难以想象的艰难困苦，承受了极大的民族牺牲，终于实现了东归壮举。

根据清宫档案《满文录副奏折》的记载，离开伏尔加草原的17万土尔扈特人，经过一路的恶战，加上疾病和饥饿的困扰，"其至伊犁者，仅以半计"。就是说，约有八九万人牺牲了生命。

在五月的一个阳光明媚的早晨，土尔扈特人终于到达了祖国西陲边境伊犁河畔。当时任伊犁将军的伊勒图，派锡伯营总管伊昌阿等官员在伊犁河畔迎接刚刚抵达的渥巴锡、舍楞等人。

不久，渥巴锡随伊昌阿到伊犁会见参赞大臣舒赫德，舒赫德向渥巴锡转达了乾隆帝的旨意，让渥巴锡等人在秋高气爽时节前往承德避暑山庄面见乾隆皇帝，并转交了乾隆皇帝颁给渥巴锡、策伯克多尔济、舍楞的敕书。

乾隆的敕书是用满文和一种古老的蒙古文字托忒文写成的。这份敕书充分表达了乾隆帝对土尔扈特人的赞扬与欢迎。不久，渥巴锡等13人及其随从44人，在清朝官员的陪同下，自察哈尔旗来到承德避暑山庄。

这一年，恰好承德普陀宗乘之庙落成，举行盛大的法会。乾隆帝下令在普陀宗乘之庙竖起两块巨大的石碑，用满、汉、蒙、藏四种文字铭刻他撰写的《土尔扈特全部归顺记》和《优恤土尔扈特部众记》，用来纪念这一重大的历史事件。

■故事感悟

蒙古土尔扈特人为了回归祖国，付出了巨大的民族牺牲，最终悲壮而坚决地回到了东方故国的怀抱，以其雄伟悲壮震惊世界，永垂青史。在太阳升起的地方，重新开始他们的繁衍生息！

■史海撷英

拔都征服俄罗斯

元太宗七年（1235年），成吉思汗的继承人窝阔台汗召集忽里勒台大会，决定征讨钦察、斡（俄）罗斯等未服诸国。居住在伏尔加河和乌拉尔河之间的钦察部首领忽鲁速蛮惧怕蒙古大军，已先遣使纳款，当蒙古军至，准备投降。唯居住在伏尔加河下游的钦察部首领八赤蛮坚决抗战。斡（俄）罗斯和波兰、匈牙利当时分为诸公国，各自为政，不听大公号令，德、意、奥诸国卷入十字军东征。欧洲形势对蒙古西征有利。

这是蒙古大军的第二次西征。元太祖八年（1236年）春，成吉思汗长子术赤长子拔都、次子察合台长子拜答儿、三子窝阔台长子贵由、四子拖雷长子蒙哥各统本王室军，万户以下各级那颜亦分遣长子从征。以拔都为统帅，速不台副之，共15万大军，自各地出发，秋季抵伏尔加河东岸集结。诸王商定后，各率本部兵马前进。

　　大地怒吼，战马嘶鸣。蒙古军刀在广阔的欧亚草原上挥舞闪光，上下翻飞。副元帅速不台率先锋军取不里阿耳（今俄罗斯维亚特卡伊伯利亚纳东）。是年冬，蒙哥进征伏尔加河下游的钦察部，斡勒不儿里克部首领八赤蛮出没于密林，不时袭击蒙古军队。

　　次年（1237年）春，速不台自不里阿耳境移师南下，增援蒙哥。八赤蛮闻速不台至，大惧，逃入海中。蒙哥率军进攻宽田吉思海（今里海）岛屿，俘八赤蛮处死。于是，宽田吉思海及外高加索山以北诸部镇服。

　　元太宗九年（1237年）夏、秋，在伏尔加河以东休养士马，决定征讨斡（俄）罗斯（今俄罗斯欧洲北部的基洛夫州和鞑靼自治共和国以西地区和乌克兰、白俄罗斯）。12月，拔都等诸王率军渡过伏尔加河，攻克烈也赞（一作"也烈赞"，今莫斯科东南亚赞州里亚赞城）、科罗木纳（今莫斯科东南科洛姆纳城）诸城。

　　次年（1238年）2月，围攻斡（俄）罗斯弗拉基米尔大公国都城弗拉基米尔（今俄罗斯莫斯科东北）。大公阔儿吉弃城逃跑，至昔迪河（今伏尔加河上游）畔等待基辅公国援军。蒙古大军围攻五日，并强迫斡（俄）罗斯人参加攻城战，城破。统帅拔都分军数路攻取弗拉基米尔城附近的罗斯托夫、莫斯科等十余城。

　　当年3月，拔都派一军突然袭击昔迪河畔之大公军营，全歼其军，大公战死。蒙古大军由此向基辅公国古都诺夫哥罗德（今俄罗斯诺夫哥德州诺夫哥罗德城）挺进，至城20里，忽改道南下向高加索北部进军。蒙哥、贵由镇压阿速叛部，拔都经略伏尔加河以东诸地，并在钦察草原休养士马。

元太宗十年（1239年），蒙哥、贵由攻取铁门关（今乌兹别克斯坦南部杰尔宾特西），打通高加索南北交通线。是年秋，召蒙哥、贵由东归。

元太宗十一年（1240年），拔都遣军渡过顿河，复入斡（俄）罗斯南部抄掠。斡（俄）罗斯王公们忙于争权夺利，不能团结对敌，使蒙古大军攻取别列思老勒、契尔尼果夫二城。攻打契尔尼果夫城时，蒙古大军使用了巨型抛石机。是年秋，拔都亲率大军进抵乞瓦城（今乌克兰基辅城），诸路军云集。拔都下令四周架炮，昼夜不息，猛烈攻击。11月19日，方才攻克。攻取乞瓦城后，蒙古大军继续西进，攻取加里奇公国都城弗拉基米尔——沃伦（今乌克兰西北部沃伦州弗拉基米尔沃伦斯基）和境内其他城市。加里奇公丹尼勒逃往马札儿。斡（俄）罗斯被蒙古军队占领。拔都汗在今伏尔加格勒附近的萨莱城建立起统治俄罗斯几百年的帝国——金帐汗国。

■文苑拾萃

土尔扈特部落

土尔扈特部落是蒙古族的一部分，他们自古就生息在我国北部、西部的森林和草原，是一个勤劳、勇敢，有着光荣历史的部落。

每一个民族都由部落形成，每一个部落都有它的名称和含义，弄清它的名称和含义的由来，有利于阐述部落的起源、形成和早期的历史。

早在唐朝时期，我国的史籍上就有漠西蒙古族的记载，元朝又有了"西蒙古"的记载，史称"斡亦剌惕""外剌""外剌歹"，明朝又称"瓦剌"，清朝称"厄鲁特""额鲁特""卫拉特"。外文书籍则称为"卡尔梅克""克尔梅克""哥尔梅克"。

从当今土尔扈特人在世界各地的分布情况看，可以称其为世界性的民族，生活在国外的土尔扈特人总数为8万余人，多数人信仰藏传佛教，并有自己的喇嘛昭，大部分已经不从事畜牧业。如俄罗斯贝加尔湖地区有卡尔梅克自治共和国。

华罗庚弃美回国

华罗庚（1910—1985），江苏省太湖西北金坛县城镇人，世界著名的数学家，中国解析数论、矩阵几何学、典型群、自安函数论等多方面研究的创始人和开拓者。国际上以华氏命名的数学科研成果就有"华氏定理""怀依—华不等式""华氏不等式""普劳威尔—加当华定理""华氏算子""华—王方法"等。

著名数学家华罗庚在1946年应聘到美国讲学，很受学术界器重。当时，美国的伊利诺伊大学以一万美元的年薪，与他订立了终身教授的聘约。华罗庚的生活一下子舒适起来了，不仅有了小洋楼，大学方面还特地给他配备了四名助手和一名打字员。

新中国成立后，一些人总以为华罗庚在美国已功成名就，生活充裕，是不会回来了。然而，物质、金钱、地位并没有羁绊住他的爱国之心。1950年2月，华罗庚毅然放弃了在美国"阔教授"的待遇，冲破重重封锁回到祖国。途经香港时，他写了一封《告留美同学的公开信》，抒发了他献身祖国的热情。他满腔热忱地呼吁："为了国家民族，我们应当回去！""锦城虽乐，不如回故乡；梁园虽好，非久留之地。"

华罗庚回到了清华园，担任清华大学数学系主任。接着，他受中国科学院院长郭沫若的邀请开始筹建数学研究所。1952年7月，数学所成立，他担任所长。他潜心为新中国培养数学人才，王元、陆启铿、龚升、陈景润、万哲先等在他的培养下成为著名的数学家。

回国后短短的几年中，他在数学领域里的研究硕果累累。他写成的论文《典型域上的多元复变函数论》于1957年1月获国家发明一等奖，并先后出版了中、俄、英文版专著；1957年出版《数论导引》；1959年莱比锡首先用德文出版了《指数和的估计及其在数论中的应用》，又先后出版了俄文版和中文版；1963年他和他的学生万哲先合写的《典型群》一书出版。

为培养青少年学习数学的热情，华罗庚还在北京发起组织了中学生数学竞赛活动，从出题、监考、阅卷，都亲自参加，并多次到外地去推广这一活动。

他还写了一系列数学通俗读物，在青少年中影响极大。他主张在科学研究中要培养学术空气，开展学术讨论。他发起创建了我国计算机技术研究所，也是我国最早主张研制电子计算机的科学家之一。

■故事感悟

华罗庚在受到种种阻挠的情况下，还是毅然回到祖国的怀抱，为祖国的建设事业做出了巨大贡献。这种热恋故土的情怀和对祖国的忠贞值得学习。可能我们许多人做不到像华罗庚那样取得非凡的成就，但我们仍要对祖国怀有着一颗忠贞不移的心！

□ **史海撷英**

熊庆来慧眼识才

熊庆来是华罗庚的老师，字迪之，云南人，是中国近代数学的先驱。曾经留学比利时、法国，并且在法国获得了博士学位。他在数论方面的研究取得巨大的成果，定义了一个"无穷级函数"，被国际上采用并称作熊氏无穷数。熊庆来先生非常热爱教育事业，对于培养中国的科学人才相当热心。

1930年，熊庆来在清华大学当数学系主任时，从学术杂志上发现了华罗庚的名字，了解到华罗庚的自学经历和数学方面的才华后，毅然打破常规，让只有初中文化程度的华罗庚进入清华大学。在他的培育下，华罗庚成为闻名世界的数学家。我国许多著名科学家，如数学家徐宝禄、段学复、庄圻泰，物理学家严济慈、赵忠尧、钱三强、赵九章，化学家柳大纲等均是熊庆来的学生。在20世纪60年代，他已70多岁，还抱病指导两个后来也成为著名数学家的年轻人，他们是杨乐和张广厚。熊庆来既是中国现代数学的先驱，同时也是识千里马的伯乐。

□ **文苑拾萃**

优选法

优选法是尽可能少做试验，尽快地找到生产和科研的最优方案的方法。优选法的应用在我国从20世纪70年代初开始，首先由我国数学家华罗庚等推广并大量应用。优选法也叫最优化方法。

例如，在现代体育实践的科学实验中，怎样选取最合适的配方、配比；寻找最好的操作和工艺条件；找出产品的最合理的设计参数，使产品的质量最好，产量最多，或在一定条件下使成本最低，消耗原料最少，生产周期最短等。这种最合适、最好、最合理的方案，一般总称为最优；把选取最合适的配方、配比，寻找最好的操作和工艺条件，给出产品最合理的设计参数，叫作优选。也就是根据问题的性质在一定条件下选取最优方案。最简单的最优化问题是极值问题，这样的问题用微分学的知识即可解决。

谢慧如的中国心

谢慧如（1913—1996），生于潮安县官塘镇白水湖，14岁赴泰国从商，后到曼谷创办泰联企业有限公司，先后担任泰国中华总商会执委、永远名誉主席，泰国潮州会馆副主席、名誉主席，天华医院名誉董事长等职。为"汕头市荣誉市民"和"潮州市荣誉市民"。捐赠巨款资助建设韩江大桥、潮州体育馆；赠建潮州谢慧如图书馆、泰佛殿、艺乐宫、慧如公园及在官塘白水湖建自来水厂；还在家乡兴办育智学校；在官塘中学建慧如堂；并于1991年4月在潮州市设立优秀市民奖励基金会。此外，还在汕头捐建谢慧如潮剧艺术中心，在潮阳市、饶平县、南澳县等地也有捐建善举。

泰国已故著名的企业家和慈善家谢慧如先生，其泰国名字的中文音译是比差·披实甲盛。这位1913年出生在广东潮安县的华人为避战乱，14岁时只身赴泰谋生。他不仅给自己起了一个泰国人的名字，而且使家人及事业很快融入当地。在泰国，谢慧如先在偏僻的乡镇打工，后来到曼谷创办泰联企业有限公司，经营多种行业。鼎盛时期，其企业多达70多家。

经商致富之后，谢慧如即在泰国举办多项公益，其中反响较大的是捐赠7379万泰铢（约合2000万元人民币）修缮泰国五世皇挽巴茵的行宫天明殿。天明殿为中式建筑，这是中泰友谊的象征。他也因此获得泰王普密蓬的授勋和嘉奖。尽管谢慧如只在国内生活过14年，但养育之恩他始终未能忘怀。

1986年10月，在阔别故国近60年后，谢慧如应国务院侨务办公室之邀到北京参加国庆观礼。在此后的10年中，他每次回国，均行善事，各种捐赠累计达1亿元人民币。

谢慧如的捐赠对象以家乡为多。例如，1991年捐赠1000万港元兴建汕头谢慧如潮剧艺术中心；1992年至1994年两次分别捐赠1400万元人民币和1000万港元在潮州兴建慧如公园。不过，如果据此认为华人捐赠仅限于家乡，这就有失偏颇了。故乡是故国的具体体现，但没有故国的强盛也难有故乡的繁荣。正是基于这样的认识，所以谢慧如的慈善之花也在其他地方结果。

1987年金秋时节，谢慧如偕夫人及子女，应中国人口福利基金会会长邓颖超的邀请回国参加相关的国庆活动。他受聘出任中国人口福利基金会理事，向中国儿童福利基金会捐赠200万元人民币，向中国抗震救灾委员会捐赠300万港元。为此，邓颖超在中南海的西花厅会见了谢慧如一行，并称赞他是第一位国外理事，意义深远。

1991年初夏，我国华东、华中发生百年罕见洪灾，18个省市均遭受严重人员伤亡和经济损失。与此同时，广东潮汕地区也受到强台风的袭击。在这次救灾义捐中，就款项数额而言，泰国华侨华人的捐赠为世界各国华侨华人之最。这次，谢慧如捐赠100万港元，起到带头作用。

谢慧如还十分关注内地文化事业。中国美术馆曾为20世纪50年代末北京的10大建筑之一。为修缮这座展示美术作品的殿堂，谢慧如捐赠300万元人民币。为表示谢意，1992年5月30日，中国美术馆举行谢慧如铜像落成揭幕仪式。随后，谢慧如访问天津时，又向天津市政府捐赠150万港元，其中100万元为天津中华民族文化促进会活动经费，50万元设立天津戏剧学校奖励基金。此外，1993年6月间，他还捐赠250万元人民币兴建成都市图书馆。

1996年5月12日，谢慧如在曼谷辞世，享年83岁。他用自己的实际行动，谱写了一曲曲故国情深的感人篇章。

■故事感悟

在事业成功之后一定要回馈社会、回报祖国，这是华裔商人的优良传统。谢慧如先生的故事，实乃情系故国的经典。身处泰国，却永不忘却被养育长大的祖国。先生对祖国的热爱情怀是无法用金钱来衡量的。

■史海撷英

中国特色的慈善事业

中国慈善事业具有如下特色：

一、慈善思想源远流长

中国是世界上最早倡行与发展慈善事业的国家。与之相应的是，其慈善思想也源远流长。先秦诸子百家与随后的佛家、道家都对慈善有过精辟的阐述。譬如，儒家讲"仁爱"，佛教讲"慈悲"，道教讲"积德"，墨家讲"兼爱"，各流各派虽在表述上不尽相同，然义理相近，都蕴含着救人济世、福利为民以及人类共通的人道理念和道德准则。

二、慈善活动与上层建筑的关系密切

在中国，许多的慈善活动都是在官方的主导下进行的。为此，政府还特别制定了慈善制度和设置了许多的慈善机构。譬如，隋唐时期的仓廪制度，两宋时期的福田院和居养院、安济坊和惠民药局，明清时期的养济院和普济堂。

三、近代的慈善事业是受西方的影响而发展起来的

中国近代慈善事业的兴起，是以西方教会慈善活动的介入以及中西慈善文化的冲突和融会为其标志的。中国传统的慈善事业在近代激烈跌宕的社会变迁进程中，自然而然发生了嬗变，由旧趋新，兼纳中西，最终形成了顺应时代要求，又具有崭新内涵的慈善事业。

四、当代的慈善事业起步晚，采用了官办或半官办的管理模式

新中国成立后，由于受极"左"思潮和"文化大革命"的影响，慈善事业被当作"旧社会统治阶级麻痹人民的装饰品"而屡遭批判。慈善事业由此便陷入停滞，以至销声匿迹长达30年之久。中国当代的慈善事业是在20世纪80年代初复兴与发展起来的。因为它起步晚，发展比较落后，并且是在政府的扶持下兴办，采用的是官办或半官办的管理模式。

第四篇
为爱情忠贞不渝

宰相30后认老妻

百里奚（生卒年不详），为百里傒简作，亦称百里子或百里，字里，名奚。春秋时楚国宛（今河南南阳）人，也有人说是虞国（今山西平陆北）人。秦穆公时贤臣，任宰相，著名的政治家。

百里奚出身下层平民，家境贫寒，但很想外出干一番事业，可家里有贤惠的妻子和年幼的儿子叫他放心不下，只好暂时安守田园。

他的妻子杜氏很有见识，她深知丈夫的心事，也知道丈夫因牵挂她母子二人才困在家里，于是便来"赶"丈夫。她对丈夫说：

"大丈夫不应老在家里转圈子，要趁年轻的时候干点大事。您要出去就去吧。"

百里奚深受感动，终于决定出门了。然而，他的仕途并不顺利。他先后到过齐国、宋国，没人赏识他。一次他回到家乡，妻子也因无法生活逃荒去了。他又流落到楚国，还是没人用他，只好靠给人放牛过日子。在多年的流浪中，百里奚没有忘记妻子，更没有忘记妻子对自己的希望。

一晃就是30年。

30年的忧患沧桑磨炼了他的意志，增长了他的才干。经过不懈的努力，命运之神终于向他招手微笑了。他这匹"千里马"被伯乐秦穆公慧眼相中，仅用了五张羊皮的价钱把他从楚国赎回，拜为宰相。

他知道，没有妻子当年的支持就没有今天的自己，现在他更加想念妻子了。可她在哪里呢？

他做梦也想不到妻子就在自己身边。杜氏离开家后一边要饭，一边打听丈夫的消息。她听说秦国的宰相叫百里奚，就来到秦国，成了宰相府里洗衣裳的老妈子。一天，她看到堂上站着的宰相真的像自己的丈夫，不禁悲喜交集。宰相百里奚和她的百里奚究竟是不是同一个人呢？如果是同一个人，他还会不会认自己这个穷老婆子呢？得用个方法试探一下。于是，她来到堂下，唱道："百里奚，五羊皮，熬白菜，煮小米，灶下没柴火，劈了门闩炖母鸡。"

堂上的百里奚听愣了：这是妻子给我送行时的情景啊！他立刻跑下堂来，这对老夫妻抱头痛哭！

□故事感悟

百里奚面对30年不见的老妻，仍旧不离不弃，这种对爱情的坚贞令人感慨！对爱情的坚贞不移应当是今天社会的年轻人所共同向往的！

□史海撷英

穆公称霸西戎

秦穆公为了威服狄戎国，达到扩大势力，进而称霸天下的战略目标。就隆重接待繇余，向他展示秦国壮丽的宫室和丰裕的积蓄，向他了解西戎的地形、兵势。为收服繇余，百里奚让内史廖出谋划策。内史廖说，绵诸王在西戎闭塞，没听过歌乐，送去12个漂亮的女乐，一定能使他迷惑。果然，秦国送去12个漂亮的女乐以后，绵诸王听着美妙的秦国音乐，看着那动人的舞蹈，大享眼耳之福，终日饮酒淫乐，不理国事。等到绵诸国内政事一塌糊涂，百里奚这才让繇余回国。繇余劝谏戎王受到拒绝，两人关系恶化。在秦人的规劝下，繇余终于归向秦国。秦穆公以宾客之礼接待繇余，和他讨论统一西方戎族的策略。公元前623年，繇余引路，百里奚带兵以迅雷不及掩耳之势，包围了绵诸，在酒樽之下活捉了绵诸王。几十个戎狄国先后归服了秦国。秦国辟地千里，国界南至秦岭，西达狄道（今甘肃临洮），北至朐衍戎（今宁夏盐池），东到黄河，巴国也来朝拜，史称"秦穆公称霸西戎"。

■文苑拾萃

五羖大夫

秦穆公五年（公元前655年）晋国借道于虞以伐虢国，大夫宫之奇以"唇亡齿寒"劝谏虞君，虞君因曾经接受晋献公的宝玉"垂棘之璧"与名马"屈产之乘"而答应了晋国。百里奚深知虞君昏庸无能，很难纳谏，便缄默不语。结果晋在灭虢之后，返回时就灭了虞国，虞君及百里奚被俘。

后来，晋献公把女儿嫁给秦穆公，百里奚被当作陪嫁小臣送到了秦国。他以此为耻，便从秦国逃到宛（今河南南阳），被楚国边境的人抓获。秦穆公听说百里奚贤智，想用高价赎回他，又怕楚人不许，就派人对楚国人说："吾媵臣百里奚在焉，请以五羖羊皮赎之。"楚国人同意将百里奚交还秦国。百里奚回到秦国，秦穆公亲自为他打开囚锁，向他询问国家大事。百里奚推辞说，他是亡国之臣，不值得询问。秦穆公说："虞君不用子，故亡，非子罪也。"秦穆公与百里奚谈论国事数日，秦穆公十分赏识他，授以国政，号称"五羖大夫"。这时百里奚已是七十多岁的高龄。

晏婴为妻拒公主

晏婴（？—前500），字仲，谥平，习惯上多称平仲，又称晏子，夷维（今山东莱州）人。晏婴是齐国上大夫晏弱之子，春秋后期一位重要的政治家、思想家、外交家。他以生活节俭、谦恭下士、机智勇敢著称。据说晏婴身材不高，其貌不扬。齐灵公二十六年（公元前556年）晏弱病死，晏婴继任为上大夫。

晏子使楚的故事可谓妇孺皆知。就是这个因身材矮小而备受楚王奚落的人，却使齐国国君齐景公的女儿产生爱慕之情，她央求父亲给她想办法。齐景公心疼女儿，便答应了。

其实齐景公也乐于促成这门亲事。晏婴是他信任的宰相，在晏婴的治理下，百姓安居乐业，国力蒸蒸日上。最叫他高兴的是，晏婴出使各诸侯国，不管任务多么困难，从来不辱君命，提高了齐国的"国际"威望。"要是把女儿嫁给他，不是会更卖力地为我效劳吗？"这位国君想，"能娶我的女儿，这可是天大的荣幸，他肯定会同意的。"

原来晏婴已经结婚多年。虽然妻子相貌平平，但他们都钦佩对方的人品，因而互敬互爱，感情很深。齐景公也预料到这一点，但他转念一想：那个女人怎能和我女儿比呢？一个又老又丑，一个年轻漂亮；一个是普通妇女，一个是国君的千金。让他休掉那个女人跟我女儿结婚，这样的美事他能拒绝吗？傻瓜才会拒绝这样做呢，齐景公充满自信。

齐景公亲自到晏婴家提亲。晏婴的妻子给他们斟酒。几盅酒下肚，齐景公便乘着酒兴说明来意。晏婴听了大吃一惊，心想，我的妻子那么贤惠，常常用自己纺纱织布赚来的钱周济穷人，百姓都念叨她的美德，我怎能做对不起她的事呢？于是连忙站起来给齐景公行礼，严肃而又幽默地说："恕我不能从命啊。我的妻子确实又老又丑，我呢，又矮又笨，我们才是天生的一对。"说完，又对景公拜了两拜。

齐景公见他态度坚决，也无可奈何，只好作罢。有人为晏婴惋惜，晏婴却说："无故休弃结发妻子，这不是君子的行为。"

■故事感悟

晏婴这种对爱情的忠贞不渝，是一种高贵的气节，更是一种对感情追求的真实自我。中国传统士大夫孜孜追求的最高道德境界，在晏婴这里真正得到了体现。

■史海撷英

霸业因时而兴

晏婴出使楚国，来到了馆舍，楚国大臣为他洗尘接风，席间展开了激烈的辩论，楚国下大夫首先发言道："齐自太公封国建邦以来，煮盐垦田，富甲一方、兵甲数万，足可以与楚匹敌。为什么自齐桓公称霸中原之后，昙花一现，再不能领袖诸侯了呢？以齐国国土之宽广，人口之众多，国家之富庶，加上晏相国您的才智，怎么就不能再崛起中原呢？反而向我楚国结盟，这太让人费解了。"

晏婴回答："识时务者为俊杰，通机变者为英豪，先前自周失政于诸侯之后，诸侯连年征战，春秋五霸迭兴，齐国称霸于中原，秦国威震于西戎，楚国称雄于荆蛮之地，这一切固然有人为的因素，可大多数靠的是天意。先前以晋文公的雄才大略，尚且逃亡四方；秦穆公霸于西戎之后，文治武功盛极一时，其死后子孙衰弱，再也难振往日之雄风；就连你们楚国也自楚庄王之后，亦常受吴晋二国的骚扰，困苦不堪。难道只有齐国衰弱不成？今日齐国前来交好结盟，这只是邻国之间的友好往来罢了。你作为楚国名臣，本应通晓'随机应变'这四个字的含义，可怎么却也问出这样愚蠢的问题呢？"

■文苑拾萃

"二桃杀三士"典故的由来

战国齐景公时，田开疆率师征服徐国，有拓疆开边强齐之功；古冶子有斩鼋救主之功；由田开疆推荐的公孙捷有打虎救主之功。三人结为兄弟，自号为"齐邦三杰"。齐景公为奖其功劳，嘉赐"五乘之宾"的荣誉。随着时间的推移，他们三人挟功恃勇，不仅简慢公卿，而且在景公面前也全无礼统。甚至内结党羽，逐渐成为国家安定的隐患。齐相晏婴，即晏子深感忧虑，想除掉，又担心景公不允许，反结怨于三人。

一天，鲁齐结好，齐景公宴请鲁昭公。酒至半酣，晏子奏请开园取金桃为两国结盟祝贺。景公准奏后，晏子引园吏亲自监摘。摘得六个金桃，"其大如碗，其赤如炭，香气扑鼻"。依礼，齐鲁二国君各享一个，齐鲁二国相各享一个。盘中尚剩两个，晏子奏请赏给臣下功劳深重的人，以表彰其贤能。齐景公让诸臣自我荐功，由晏子评功赐桃。

公孙捷和古冶子因救主之功而自荐。二人一自荐功劳，晏子就肯定了二人的功劳，并即刻将两桃分别赐给了这两人。田开疆以开疆拓边有功而自荐。晏子评定田开疆功劳为最大，但桃已赐完，说只能等到来年桃熟，再行奖赏。齐景公说他自荐得迟，已没有桃子来表彰其大功。田开疆自以为这是一种耻辱，功大反而不能得到桃子，于是挥剑自杀。古冶子和公孙捷相继因功小食桃而感到耻辱也自杀身亡。晏婴就用两个桃子除掉了三人，消除了齐国隐患。

宋弘对妻不离不弃

宋弘（生卒年不详），东汉初年大司空，为人正直，做官清廉，对皇上直言敢谏。曾先后为汉室推荐和选拔贤能之士30多人，有的官至相位。光武帝刘秀对他甚为信任和器重，封他为宣平侯。

东汉时光武帝刘秀的姐姐湖阳公主丈夫死后，心里苦闷。她看到当时主管农田水利的大司空宋弘为人耿直，德才兼备，便暗暗地喜欢上他。

有一次，她找了个机会把自己的心思告诉了刘秀，表示想嫁给宋弘。刘秀说："姐姐，你放心，我马上就把宋弘召进宫来，把这事跟他说。他娶你就成了皇亲国戚，这是多少人求之不得的事啊！"

刘秀当即下旨宣宋弘，要他到偏殿说话。宋弘不解皇上为什么要在偏殿召见自己，就悄悄地问传旨的太监："皇上召我有什么事？"

"恭喜你，皇上找你有好事。你要做皇上的亲戚了。"太监神秘地告诉他。

宋弘进了偏殿，刘秀客客气气地让他落座，先谈了一些国政大事，又询问了一些农田水利方面的情况。而后，装作很随便的样子，把话题一转，说：“当了官就结交新朋友，发了财就改娶老婆，这可能是多数人心里想的吧。现在，你……”

刘秀话还没说出口，聪明的宋弘联想到刚才太监的话，就马上明白了皇帝这次召见的意图。噢，原来是想让公主嫁给我！

他急忙打断刘秀的话，说：“皇上，臣不敢喜新厌旧。古人说，‘贫贱之交不可忘，糟糠之妻不下堂’啊。”

原来，宋弘夫妻是患难之交。当初，宋弘的父亲被奸臣迫害，一家人受到歧视，生活也很艰难。宋弘的妻子不但没有离开他，而且一直与他同甘共苦。现在苦日子终于熬出了头，这样的好妻子哪能中途抛弃呢？

宋弘把与妻子的事前前后后讲给刘秀听，刘秀也很受感动，再不好意思说让宋弘娶湖阳公主的事了。

■**故事感悟**

是啊！“贫贱之交不可忘，糟糠之妻不下堂”，这个故事感动和教育了许多人。宋弘对妻子不离不弃，这种忠贞的爱情，是值得人们去敬佩和深思的。

■**史海撷英**

赤眉军起义

新莽末年兴起于今山东东部的一支农民起义军名称。因将眉毛染红，示别于政府军，故称作赤眉军。

随着赤眉军的发展，在地皇三年（22年）王莽派出王匡、廉丹率约10

万军队进攻赤眉军，惨遭挫败。赤眉军发展到10万人以上，势力扩及青州、徐州、兖州、豫州各地。23年，更始皇帝刘玄已即位并攻入长安，赤眉军先是愿意降于更始，但双方随即再度开战，25年赤眉、绿林起义，兵分两路，由樊崇和徐宣分别率领，进攻关中，并拥立汉宗室刘盆子为帝，徐宣任丞相，樊崇因为识字，任御史大夫。同时更始军内部产生内争，将领王匡投奔赤眉军。随即赤眉军攻入长安，杀死刘玄。

赤眉军入长安时，当地残破不堪，赤眉军只能四处找寻粮食，遇大雪损失惨重，随后被刘秀派将领邓禹击败，赤眉军遂决定离开关中。27年，在崤（今河南洛宁）和宜阳再被刘秀军打败，樊崇投降，最后被杀害。

□文苑拾萃

中国古代的婚姻制度

我国古代的婚姻制度是一夫一妻多妾制，即使皇帝也只是有一个老婆。但那个时候的规定只要有条件，可以娶很多个老婆，但叫妾，不能称妻。妾下面还有通房丫头，只有办了手续的通房丫头才能称妾。如《红楼梦》里的赵姨娘。

在人类社会的三大生产中，婚姻是实现人类自身生产的唯一方式，是社会伦理关系的实体。由于人类自身生产使人类的生命得到延续，从而形成各种人际关系以及社会文化心理和礼俗。人类为了生存和发展，必须从事于生产资料和生活日用品的生产，其中一些产品则成为文化的物化成果；而人类精神生产所形成的社会意识形态和价值观念，又作为精神文化反作用于物质生产和人类的自身生产。

正是由于婚姻在上述三大生产中占有重要地位，因此被称为"婚姻大事"。中国封建伦理道德把婚姻当作人际关系的开端。中国封建社会的伦理规范认为："昏（婚）礼者，礼之本也。""男女有别，而后夫妇有义；夫妇有义，而后父子有亲；父子有亲，而后君臣有政。"它把婚姻家庭视为组成社会肌体的胚胎。

在封建社会，妇女没有社会地位。夫为妻纲，妇女的一切只能服从和依赖于丈夫，即使丈夫死了也不准改嫁，从一而终。而男子却可以三妻四妾，皇帝有三宫六院，一般的达官贵人亦都妻妾成群。一个男人能娶多少女人没有受到法律的限制，而这些女人在家庭中的地位也是不同的，只有被称为正室的女人才具有妻子的资格，其余只能处于从属地位。

诸葛亮娶智慧丑妻

诸葛亮（181—234），字孔明，号卧龙（也作伏龙），汉族，琅琊阳都（今山东临沂市沂南县）人，蜀汉丞相，三国时期杰出的政治家、战略家、发明家、军事家。在世时被封为武乡侯，谥曰忠武侯；后来的东晋政权为了推崇诸葛亮的军事才能，特追封他为武兴王。代表作有《前出师表》《后出师表》《诫子书》等。发明木牛流马、孔明灯等。成都建有武侯祠。

诸葛亮一生智慧不凡，凡事谨慎，慎行稳重，战无不胜，远扬盛名，名传古今。而他毅然决然地娶了一个丑媳妇——黄硕。这个丑媳妇成为他在生活和事业发展上一个强有力的支柱，不但使他一生出师必捷，无后顾之忧，更重要的是他一生一世都得到了黄硕温柔的照顾。

诸葛亮和黄硕夫妻情感的亲密，世上恐怕无人可比。

诸葛亮的父母早亡，由叔父抚养成人，在天下大乱的时候，他的兄弟姊妹随叔父一起来到襄阳。当时关中混乱，中原鼎沸之际，襄阳是各地达官贵人、商贾士子避难的地方。

诸葛亮一家来到襄阳城外20里的隆中，以耕种为生。

诸葛亮25岁时，叔父故去。他的大哥诸葛瑾远赴东吴做官，姐姐诸葛惠远嫁到南彰，家中只剩下诸葛亮和他的弟弟诸葛均。诸葛亮当时"苟全性命于乱世，不求闻达于诸侯"。

在古代，尤其是在兵荒马乱的年月，一般十五六岁，甚至十三四岁就结婚，小丈夫和小媳妇成双成对。像诸葛亮这样25岁还未成家就显得有些格格不入。以诸葛亮的条件，必然是名门世家选择乘龙快婿的理想对象，谁也没有料到却找了个丑女结婚。

黄硕身体壮硕，人如其名，黄头发，黑皮肤，皮肤上起了一些鸡皮疙瘩，让人瞧见身上就发凉发冷，但她的善良远近闻名。

诸葛亮对于黄承彦的道德文章，早已有所了解，而对于黄硕的基本情况似乎也略有所闻。于是诸葛亮亲自前往黄府提亲。对诸葛亮的到来，黄承彦是做了充分的准备，老早就吩咐家人："只要诸葛相公一到，不用通报，请他直接登堂入室。"

传说，诸葛亮来到黄家，兴冲冲破门而入。突然，堂屋两廊间突然蹿出两条猛犬，直扑诸葛亮。里厢闻声而出的丫鬟连忙朝两只猛犬"叫停"，并上前用手拍打猛犬的额头，霎时两头猛犬就停止了扑跃之势。那丫鬟再把它们的耳朵拧一下，两只凶猛的猎犬竟然乖乖地退到廊下蹲了下来。诸葛亮仔细一看，原来两只猛犬都是木头做的机械狗，不禁哈哈大笑。

黄承彦也哈哈大笑迎接诸葛亮。

诸葛亮盛赞两只木犬制作神奇。黄承彦说："木犬是小女没事时闹着玩的，不想让你受惊了，真是抱歉得很啊！"

诸葛亮环顾四周，见壁上一幅曹大家宫苑授读图。黄承彦立即解释："这画是小女信笔涂鸦，见笑了。"

黄承彦又指着窗外如锦繁花说："这些花花草草都是小女一手栽培、

灌溉、剪枝、护理的。"

诸葛亮把黄硕娶回家门，他的邻居们以貌取人，讥讽道："莫学孔明娶个丑媳妇。"

他们哪里知道，诸葛亮看到木犬、图画、花草时，早已把黄家闺女的模样与才干，在内心深处凭着想象绘出了一幅轮廓鲜明的画，他知道这就是他追求的目标；相见时，他心花怒放。这会儿，正庆幸自己娶到了一位贤德的媳妇呢。

黄硕到诸葛亮家后，种地做饭，里里外外的粗活儿与琐事，都处理得妥妥帖帖。诸葛亮自然是身受其惠。

诸葛亮爱交朋友，像博陵崔州平、汝南孟公威、颍川石广元及徐元直等人经常来喝酒作诗，谈论国事，这位丑嫂嫂做饭烧酒，非常热情。原来朋友们看着丑媳妇，心里总感到别扭，而通过她亲切的照顾后，人人都有了宾至如归的感觉。久而久之，来人对诸葛亮媳妇的态度逐渐改变，从鄙视到漠视，由漠视而重视，好感油然而生。

美，其实是一种感觉。尽管外人只认为诸葛亮的媳妇貌丑，又哪里知道她还是一个具有另一种"内在美"的女人呢？每当夜阑人静的时候，朦胧的灯光下，"丑女媚态百生"，在光的陪衬下，诸葛亮居然感觉到这个小妇人有一种令他销魂蚀骨的风情。

要说诸葛亮对蜀国贡献大，那是大家都知道的，而黄硕的贡献也实在不小。

刘备三顾茅庐后，诸葛亮跟着刘备出生入死，他的丑媳妇常带着幼儿诸葛瞻，守在隆中的家中等候佳音。位居丞相夫人的黄硕曾在隆中带领家人，在宅前宅后植桑800株，以倡导蚕丝的生产，推动当时社会发展蚕丝业；黄硕又是一代有名的教育家。诸葛亮身为丞相，贵为武侯，忧劳国事，日理万机，教育子女的责任自然全部落在他这个丑媳妇的身上。儿子诸葛瞻后来奉命镇守绵竹，邓艾兵临城下，诸葛瞻不受威胁利诱而壮烈殉国，孙子诸葛尚也同时殉国。晋代一统天下后，曾诏诸葛亮的第三个儿子诸葛怀到洛阳封赠显爵，诸葛怀婉言谢绝。可见诸葛亮的遗训和诸葛夫人的教育的功效。

■故事感悟

"滚滚长江东逝水，浪花淘尽英雄；是非成败转头空，青山依旧在，几度夕阳红。"诸葛亮的大智大慧被世人称道，然而他对丑女人终一不二，谁解其中之味？

■史海撷英

诸葛亮因地制宜治汉中

诸葛亮在汉中休士劝农期间，充分利用了汉中优厚的经济条件，因地制宜地采取了一系列发展生产的得力措施，使北伐军资基本上就地得到了解决，诸葛亮死后，蜀军撤退，魏军还在蜀营中"获其图书、粮谷甚众"。这正说明了诸葛亮休士劝农，实行军屯耕战的效果是显著的。当地人民生活好了，就可以招来更多的人口，使地广人稀的汉中重新得到发展，逐步达到人多、粮多的良性循环，使百姓"安其居，乐其业"。只有富国强兵，才能维护统治阶级的长治久安。

刘庭式守婚约娶盲女

　　苏轼（1037—1101），字子瞻，又字和仲，号"东坡居士"，世人称其为"苏东坡"，眉州（今四川眉山，北宋时为眉山城）人，祖籍栾城，北宋著名文学家、书画家、词人、诗人，美食家。唐宋八大家之一，豪放派词人的代表。其诗、词、赋、散文、均成就极高，且善书法和绘画，是中国文学艺术史上罕见的全才，也是中国数千年历史上被公认文学艺术造诣最杰出的大家之一。其散文与欧阳修并称欧苏；诗与黄庭坚并称苏黄；词与辛弃疾并称苏辛；书法名列"苏、黄、米、蔡"北宋四大书法家之中；其画则开创了湖州画派。

　　北宋时代有一个叫刘庭式的人，字得之，宋朝齐州人，进士。他曾在大文学家、书画家苏轼手下做官，当时苏轼任密州知府。一天，刘庭式向苏轼请假说是回乡结婚。苏轼批准了。

　　刘庭式走后，同僚们议论纷纷。

　　"刘庭式怎么会回乡同一个盲女结婚呢？"

　　"是不是又找了一个？还保密。"

　　苏轼见大家议论纷纷，问道："怎么回事，你们在议论什么？"

见知府大人询问，有一个人就从大家身后站出来，对苏轼说："是这么回事：刘庭式早年家贫，经媒人介绍与同乡的一个姑娘订了婚，姑娘家也很穷，原说几年后就结婚。后来，庭式经过勤奋学习考中了进士，来咱们这儿做了通判，与姑娘一别就是几年。谁知前不久，姑娘的眼睛失明了。现在，他们之间不仅地位悬殊，而且姑娘双目失明。我们在议论，刘庭式大概不会娶一个盲人做老婆吧。"

"噢，原来是这么回事。"苏轼点点头道。

再说刘庭式回乡后，请来媒人去姑娘家商定迎亲的日期。媒人劝他说："你何必这样死心眼呢？你现在已经有权有势，怎么能让一个盲姑娘拖累呢？干脆我们别去她家了，要不我再给你介绍一个。"

"不，我一定要去见姑娘，并把她娶到家来。"刘庭式语气十分坚决。

"如果你一定要去的话……依我看，那姑娘的妹妹长得倒很漂亮，不妨我去她家说说，把她妹妹娶过来吧。"媒人说。

刘庭式摇头不同意，媒人只好带他去姑娘家。

盲姑娘一家对他们宾客相待，但谁也不提娶亲的事。见此情景，刘庭式只好直言了："岳父、岳母，我这次来，是为了把姑娘娶回家去。"

盲姑娘的父亲很惊讶，连忙说道："哎呀，时过境迁。你现在做了官，很有前途，我怎忍心让你同我失明的女儿生活一辈子呢？不行！绝对不行！"

媒人在一旁直给这位父亲使眼色，意思是让他将二女儿许配给刘庭式。媒人刚要开口，就被刘庭式打断了："这次我是专门定娶亲的喜日的，我不管她现在如何，别的什么您老也不用多说了。"

姑娘家见刘庭式态度如此坚决，深受感动，当下议定了婚期。

结婚那天，刘庭式宴请宾客，请来鼓乐，吹吹打打，把盲姑娘娶了过来……

婚假期满，刘庭式携了家眷回府。在一次闲谈之中，苏轼不解地问他："你为什么要坚持娶这个盲姑娘呢？"

刘庭式只说了一句令人深思的话："人不能只图美色，美丽的外表终究要衰老的，而我的妻子心眼好，这种内在的美才是长久的。只要我们心心相印，就一定会过得很幸福。"

果然，刘庭式夫妻恩爱非常，生活美满。刘庭式不弃盲妻的故事被后人传为美谈。

□故事感悟

要一个正常人去娶一个盲人，如果对爱情婚姻缺乏忠贞不移的态度，就做不出像刘庭式那样的举动。作出了婚姻的承诺和誓言，就要心甘情愿地相依相守。无论荣华富贵还是灾难贫病，都应不离不弃，永相厮守。

□史海撷英

苏轼"欺"师

苏轼考进士，作了篇春秋文，叫《刑赏忠厚之至论》，其中有段落如下：

当尧之时，皋陶为士，将杀人，皋陶曰"杀之三"，尧曰"宥之三"，故天下畏皋陶执法之坚，而乐尧用刑之宽。

四岳曰"鲧可用"，尧曰"不可，鲧方命圮族"，既而曰"试之"。何尧之不听皋陶之杀人，而从四岳之用鲧也？然则圣人之意，盖亦可见矣。

当时的考官是大名鼎鼎的欧阳修，他对苏轼的文章十分赞赏，但是有历史常识的人都知道皋陶是舜的司法官，跟尧有关系吗？欧阳修自然也不明白这点，反复读过后，便去问苏轼，苏轼说答案在《三国志·孔融传》中，可是欧阳修将其反反复复读了很多遍后，依旧没有发现出处，便又去问苏轼。苏轼只好老老实实说是自己杜撰的，欧阳修更不解，苏轼便说《三国志·孔融传》中言道，孔融跟曹操说商纣王将妲己赏了周公，曹操问可有此事，孔融答今日既有，古代也应该有。苏轼便据此杜撰了这么一个故事，这使欧阳修更加赞赏苏轼。